Registre des objets mobiliers à l'usage des brocanteurs et antiquaires

Registre Légal de France

ISBN-13 : 978-1530291946

ISBN-10 : 1530291941

Société : …………………………………………

N° Siret : …………………………………………

Adresse : …………………………………………

……………………………………………

……………………………………………

Article R321-1 du Code Pénal

Toute personne soumise à l'obligation de tenir le registre d'objets mobiliers prévu au premier alinéa de l'article 321-7 doit effectuer une déclaration préalable à la préfecture ou la sous-préfecture dont dépend son établissement principal. A Paris, la déclaration est faite à la préfecture de police.

En l'absence d'établissement fixe ouvert au public, le lieu du domicile ou, à défaut, la commune de rattachement mentionnée à l'article 7 de la loi n° 69-3 du 3 janvier 1969 est considéré comme le lieu d'établissement.

La déclaration comporte les indications suivantes : nom et prénoms du déclarant ; date et lieu de naissance ; nationalité ; lieu d'exercice habituel de la profession ; statut de l'entreprise ainsi qu'un extrait d'immatriculation au registre du commerce et des sociétés.

Il est remis un récépissé de déclaration qui doit être présenté à toute réquisition des services de police et de gendarmerie, des services fiscaux, des douanes ainsi que des services de la concurrence, de la consommation et de la répression des fraudes.

Article R321-2 du Code Pénal

En cas de changement du lieu de l'établissement principal, les personnes mentionnées à l'article R. 321-1 sont tenues de faire une déclaration au commissariat de police, ou, à défaut, à la mairie tant du lieu qu'elles quittent que de celui où elles vont s'établir.

Le déplacement d'un établissement secondaire doit également faire l'objet d'une déclaration au commissariat de police ou, à défaut, à la mairie du lieu de l'établissement principal.

Il est remis un récépissé de ces déclarations.

Article R321-3 du Code Pénal

Le registre d'objets mobiliers prévu au premier alinéa de l'article 321-7 doit comporter, outre la description des objets acquis ou détenus en vue de la vente ou de l'échange :

1° Les nom, prénoms, qualité et domicile de chaque personne qui a vendu, apporté à l'échange ou remis en dépôt en vue de la vente un ou plusieurs objets, ainsi que la nature, le numéro et la date de délivrance de la pièce d'identité produite par la personne physique qui a réalisé la vente, l'échange ou le dépôt, avec l'indication de l'autorité qui l'a établie ;

2° Lorsqu'il s'agit d'une personne morale, la dénomination et le siège de celle-ci ainsi que les noms, prénoms, qualité et domicile du représentant de la personne morale qui a effectué l'opération pour son compte, avec les références de la pièce d'identité produite.

La description de chaque objet comprend ses principales caractéristiques apparentes ainsi que les noms, signatures, monogrammes, lettres, chiffres, numéros de série, emblèmes et signes de toute nature apposés sur lui et qui servent à l'identifier.

Les objets dont la valeur unitaire n'excède pas un montant fixé par un arrêté conjoint du garde des sceaux, ministre de la justice, du ministre de l'intérieur et du ministre chargé du commerce et qui ne présentent pas un intérêt artistique ou historique peuvent être regroupés et faire l'objet d'une mention et d'une description communes sur le registre.

Article R321-4 du Code Pénal

Chaque objet exposé à la vente ou détenu en stock est affecté d'un numéro d'ordre.

Les objets mentionnés au dernier alinéa de l'article R. 321-3 peuvent faire l'objet d'un numéro d'ordre commun.

Le numéro d'ordre est porté sur le registre et figure de manière apparente sur chaque objet ou lot d'objets.

Article R321-5 du Code Pénal

Le registre comporte également :

1° Le prix d'achat ou, en cas d'échange, d'acquisition à titre gratuit ou de dépôt en vue de la vente, une estimation de la valeur vénale de chaque objet ou lot d'objets ;

2° Le cas échéant, l'indication du classement ou de l'inscription de l'objet en application de la loi du 31 décembre 1913 sur les monuments historiques, lorsqu'il en est donné connaissance au revendeur d'objets mobiliers.

Article R321-6 du Code Pénal

Les mentions figurant sur le registre sont inscrites à l'encre indélébile, sans blanc, rature ni abréviation.

Le registre est coté et paraphé par le commissaire de police ou, à défaut, par le maire de la commune où est situé l'établissement ouvert au public.

Lorsque les personnes mentionnées à l'article R. 321-1 possèdent plusieurs établissements ouverts au public, un registre est tenu pour chaque établissement.

Lorsque ces mêmes personnes ne possèdent pas d'établissement fixe ouvert au public, le registre est coté et paraphé par un commissaire de police ou un maire.

Le registre est conservé pendant un délai de cinq ans à compter de sa date de clôture.

Article R321-7 du Code Pénal

Lorsque la personne mentionnée à l'article R. 321-1 est une personne morale, les obligations prévues par la présente sous-section incombent aux dirigeants de celle-ci.

Article R321-8 du Code Pénal

Le modèle du registre d'objets mobiliers est déterminé par arrêté conjoint du ministre de l'intérieur et du ministre chargé du commerce.

Numéro d'ordre	Date de l'achat / dépôt	Apporteur ou vendeur de l'objet	Si personne morale	Références de la pièce d'identité produite	Description des objets acquis ou détenus (caractéristiques apparentes, noms, signatures, n° série, signe distinctif...)	Prix d'achat	Classement ou inscription de l'objet au titre des monuments historiques
		Nom, Prénom et qualité	Raison sociale	Nature			
				Numéro			
				Date de délivrance			
		Adresse du domicile	Adresse du siège social	Autorité l'ayant établie			
		Nom, Prénom et qualité	Raison sociale	Nature			
				Numéro			
				Date de délivrance			
		Adresse du domicile	Adresse du siège social	Autorité l'ayant établie			
		Nom, Prénom et qualité	Raison sociale	Nature			
				Numéro			
				Date de délivrance			
		Adresse du domicile	Adresse du siège social	Autorité l'ayant établie			
		Nom, Prénom et qualité	Raison sociale	Nature			
				Numéro			
				Date de délivrance			
		Adresse du domicile	Adresse du siège social	Autorité l'ayant établie			

Numéro d'ordre	Date de l'achat / dépôt	Apporteur ou vendeur de l'objet	Si personne morale	Références de la pièce d'identité produite	Description des objets acquis ou détenus (caractéristiques apparentes, noms, signatures, n° série, signe distinctif…)	Prix d'achat	Classement ou inscription de l'objet au titre des monuments historiques
		Nom, Prénom et qualité Adresse du domicile	Raison sociale Adresse du siège social	Nature Numéro Date de délivrance Autorité l'ayant établie			
		Nom, Prénom et qualité Adresse du domicile	Raison sociale Adresse du siège social	Nature Numéro Date de délivrance Autorité l'ayant établie			
		Nom, Prénom et qualité Adresse du domicile	Raison sociale Adresse du siège social	Nature Numéro Date de délivrance Autorité l'ayant établie			
		Nom, Prénom et qualité Adresse du domicile	Raison sociale Adresse du siège social	Nature Numéro Date de délivrance Autorité l'ayant établie			
		Nom, Prénom et qualité Adresse du domicile	Raison sociale Adresse du siège social	Nature Numéro Date de délivrance Autorité l'ayant établie			
		Nom, Prénom et qualité Adresse du domicile	Raison sociale Adresse du siège social	Nature Numéro Date de délivrance Autorité l'ayant établie			
		Nom, Prénom et qualité Adresse du domicile	Raison sociale Adresse du siège social	Nature Numéro Date de délivrance Autorité l'ayant établie			
		Nom, Prénom et qualité Adresse du domicile	Raison sociale Adresse du siège social	Nature Numéro Date de délivrance Autorité l'ayant établie			

Numéro d'ordre	Date de l'achat / dépôt	Apporteur ou vendeur de l'objet	Si personne morale	Références de la pièce d'identité produite	Description des objets acquis ou détenus (caractéristiques apparentes, noms, signatures, n° série, signe distinctif...)	Prix d'achat	Classement ou inscription de l'objet au titre des monuments historiques
		Nom, Prénom et qualité	Raison sociale	Nature Numéro Date de délivrance Autorité l'ayant établie			
		Adresse du domicile	Adresse du siège social				
				Nature Numéro Date de délivrance Autorité l'ayant établie			
		Nom, Prénom et qualité	Raison sociale	Nature Numéro Date de délivrance Autorité l'ayant établie			
		Adresse du domicile	Adresse du siège social				
				Nature Numéro Date de délivrance Autorité l'ayant établie			
		Nom, Prénom et qualité	Raison sociale	Nature Numéro Date de délivrance Autorité l'ayant établie			
		Adresse du domicile	Adresse du siège social				
				Nature Numéro Date de délivrance Autorité l'ayant établie			
		Nom, Prénom et qualité	Raison sociale	Nature Numéro Date de délivrance Autorité l'ayant établie			
		Adresse du domicile	Adresse du siège social				

Numéro d'ordre	Date de l'achat / dépôt	Apporteur ou vendeur de l'objet	Si personne morale	Références de la pièce d'identité produite	Description des objets acquis ou détenus (caractéristiques apparentes, noms, signatures, n° série, signe distinctif…)	Prix d'achat	Classement ou inscription de l'objet au titre des monuments historiques
		Nom, Prénom et qualité Adresse du domicile	Raison sociale Adresse du siège social	Nature Numéro Date de délivrance Autorité l'ayant établie			
		Nom, Prénom et qualité Adresse du domicile	Raison sociale Adresse du siège social	Nature Numéro Date de délivrance Autorité l'ayant établie			
		Nom, Prénom et qualité Adresse du domicile	Raison sociale Adresse du siège social	Nature Numéro Date de délivrance Autorité l'ayant établie			
		Nom, Prénom et qualité Adresse du domicile	Raison sociale Adresse du siège social	Nature Numéro Date de délivrance Autorité l'ayant établie			
		Nom, Prénom et qualité Adresse du domicile	Raison sociale Adresse du siège social	Nature Numéro Date de délivrance Autorité l'ayant établie			
		Nom, Prénom et qualité Adresse du domicile	Raison sociale Adresse du siège social	Nature Numéro Date de délivrance Autorité l'ayant établie			
		Nom, Prénom et qualité Adresse du domicile	Raison sociale Adresse du siège social	Nature Numéro Date de délivrance Autorité l'ayant établie			
		Nom, Prénom et qualité Adresse du domicile	Raison sociale Adresse du siège social	Nature Numéro Date de délivrance Autorité l'ayant établie			

Numéro d'ordre	Date de l'achat / dépôt	Apporteur ou vendeur de l'objet	Si personne morale	Références de la pièce d'identité produite	Description des objets acquis ou détenus (caractéristiques apparentes, noms, signatures, n° série, signe distinctif…)	Prix d'achat	Classement ou inscription de l'objet au titre des monuments historiques
		Nom, Prénom et qualité	Raison sociale	Nature			
				Numéro			
				Date de délivrance			
		Adresse du domicile	Adresse du siège social	Autorité l'ayant établie			
				Date de délivrance			
				Autorité l'ayant établie			
		Nom, Prénom et qualité	Raison sociale	Nature			
				Numéro			
				Date de délivrance			
		Adresse du domicile	Adresse du siège social	Autorité l'ayant établie			
		Nom, Prénom et qualité	Raison sociale	Nature			
				Numéro			
				Date de délivrance			
		Adresse du domicile	Adresse du siège social	Autorité l'ayant établie			
		Nom, Prénom et qualité	Raison sociale	Nature			
				Numéro			
				Date de délivrance			
		Adresse du domicile	Adresse du siège social	Autorité l'ayant établie			

Numéro d'ordre	Date de l'achat / dépôt	Apporteur ou vendeur de l'objet	Si personne morale	Références de la pièce d'identité produite	Description des objets acquis ou détenus (caractéristiques apparentes, noms, signatures, n° série, signe distinctif…)	Prix d'achat	Classement ou inscription de l'objet au titre des monuments historiques
		Nom, Prénom et qualité	Raison sociale	Nature			
				Numéro			
				Date de délivrance			
		Adresse du domicile	Adresse du siège social	Autorité l'ayant établie			
		Nom, Prénom et qualité	Raison sociale	Nature			
				Numéro			
				Date de délivrance			
		Adresse du domicile	Adresse du siège social	Autorité l'ayant établie			
		Nom, Prénom et qualité	Raison sociale	Nature			
				Numéro			
				Date de délivrance			
		Adresse du domicile	Adresse du siège social	Autorité l'ayant établie			
		Nom, Prénom et qualité	Raison sociale	Nature			
				Numéro			
				Date de délivrance			
		Adresse du domicile	Adresse du siège social	Autorité l'ayant établie			
		Nom, Prénom et qualité	Raison sociale	Nature			
				Numéro			
				Date de délivrance			
		Adresse du domicile	Adresse du siège social	Autorité l'ayant établie			
		Nom, Prénom et qualité	Raison sociale	Nature			
				Numéro			
				Date de délivrance			
		Adresse du domicile	Adresse du siège social	Autorité l'ayant établie			
		Nom, Prénom et qualité	Raison sociale	Nature			
				Numéro			
				Date de délivrance			
		Adresse du domicile	Adresse du siège social	Autorité l'ayant établie			

Numéro d'ordre	Date de l'achat / dépôt	Apporteur ou vendeur de l'objet	Si personne morale	Références de la pièce d'identité produite	Description des objets acquis ou détenus (caractéristiques apparentes, noms, signatures, n° série, signe distinctif...)	Prix d'achat	Classement ou inscription de l'objet au titre des monuments historiques
		Nom, Prénom et qualité	Raison sociale	Nature			
				Numéro			
		Adresse du domicile	Adresse du siège social	Date de délivrance			
				Autorité l'ayant établie			
		Nom, Prénom et qualité	Raison sociale	Nature			
				Numéro			
		Adresse du domicile	Adresse du siège social	Date de délivrance			
				Autorité l'ayant établie			
		Nom, Prénom et qualité	Raison sociale	Nature			
				Numéro			
		Adresse du domicile	Adresse du siège social	Date de délivrance			
				Autorité l'ayant établie			
		Nom, Prénom et qualité	Raison sociale	Nature			
				Numéro			
		Adresse du domicile	Adresse du siège social	Date de délivrance			
				Autorité l'ayant établie			

Numéro d'ordre	Date de l'achat / dépôt	Apporteur ou vendeur de l'objet	Si personne morale	Références de la pièce d'identité produite	Description des objets acquis ou détenus (caractéristiques apparentes, noms, signatures, n° série, signe distinctif…)	Prix d'achat	Classement ou inscription de l'objet au titre des monuments historiques
		Nom, Prénom et qualité Adresse du domicile	Raison sociale Adresse du siège social	Nature Numéro Date de délivrance Autorité l'ayant établie			
		Nom, Prénom et qualité Adresse du domicile	Raison sociale Adresse du siège social	Nature Numéro Date de délivrance Autorité l'ayant établie			
		Nom, Prénom et qualité Adresse du domicile	Raison sociale Adresse du siège social	Nature Numéro Date de délivrance Autorité l'ayant établie			
		Nom, Prénom et qualité Adresse du domicile	Raison sociale Adresse du siège social	Nature Numéro Date de délivrance Autorité l'ayant établie			
		Nom, Prénom et qualité Adresse du domicile	Raison sociale Adresse du siège social	Nature Numéro Date de délivrance Autorité l'ayant établie			
		Nom, Prénom et qualité Adresse du domicile	Raison sociale Adresse du siège social	Nature Numéro Date de délivrance Autorité l'ayant établie			
		Nom, Prénom et qualité Adresse du domicile	Raison sociale Adresse du siège social	Nature Numéro Date de délivrance Autorité l'ayant établie			
		Nom, Prénom et qualité Adresse du domicile	Raison sociale Adresse du siège social	Nature Numéro Date de délivrance Autorité l'ayant établie			

Numéro d'ordre	Date de l'achat / dépôt	Apporteur ou vendeur de l'objet	Si personne morale	Références de la pièce d'identité produite	Description des objets acquis ou détenus (caractéristiques apparentes, noms, signatures, n° série, signe distinctif...)	Prix d'achat	Classement ou inscription de l'objet au titre des monuments historiques
		Nom, Prénom et qualité	Raison sociale	Nature			
				Numéro			
				Date de délivrance			
		Adresse du domicile	Adresse du siège social	Autorité l'ayant établie			
				Nature			
				Numéro			
				Date de délivrance			
		Adresse du domicile	Adresse du siège social	Autorité l'ayant établie			
		Nom, Prénom et qualité	Raison sociale	Nature			
				Numéro			
				Date de délivrance			
		Adresse du domicile	Adresse du siège social	Autorité l'ayant établie			
		Nom, Prénom et qualité	Raison sociale	Nature			
				Numéro			
				Date de délivrance			
		Adresse du domicile	Adresse du siège social	Autorité l'ayant établie			

Numéro d'ordre	Date de l'achat / dépôt	Apporteur ou vendeur de l'objet	Si personne morale	Références de la pièce d'identité produite	Description des objets acquis ou détenus (caractéristiques apparentes, noms, signatures, n° série, signe distinctif…)	Prix d'achat	Classement ou inscription de l'objet au titre des monuments historiques
		Nom, Prénom et qualité Adresse du domicile	Raison sociale Adresse du siège social	Nature Numéro Date de délivrance Autorité l'ayant établie			
		Nom, Prénom et qualité Adresse du domicile	Raison sociale Adresse du siège social	Nature Numéro Date de délivrance Autorité l'ayant établie			
		Nom, Prénom et qualité Adresse du domicile	Raison sociale Adresse du siège social	Nature Numéro Date de délivrance Autorité l'ayant établie			
		Nom, Prénom et qualité Adresse du domicile	Raison sociale Adresse du siège social	Nature Numéro Date de délivrance Autorité l'ayant établie			
		Nom, Prénom et qualité Adresse du domicile	Raison sociale Adresse du siège social	Nature Numéro Date de délivrance Autorité l'ayant établie			
		Nom, Prénom et qualité Adresse du domicile	Raison sociale Adresse du siège social	Nature Numéro Date de délivrance Autorité l'ayant établie			
		Nom, Prénom et qualité Adresse du domicile	Raison sociale Adresse du siège social	Nature Numéro Date de délivrance Autorité l'ayant établie			
		Nom, Prénom et qualité Adresse du domicile	Raison sociale Adresse du siège social	Nature Numéro Date de délivrance Autorité l'ayant établie			

Numéro d'ordre	Date de l'achat / dépôt	Apporteur ou vendeur de l'objet	Si personne morale	Références de la pièce d'identité produite	Description des objets acquis ou détenus (caractéristiques apparentes, noms, signatures, n° série, signe distinctif...)	Prix d'achat	Classement ou inscription de l'objet au titre des monuments historiques
		Nom, Prénom et qualité	Raison sociale	Nature			
				Numéro			
				Date de délivrance			
		Adresse du domicile	Adresse du siège social	Autorité l'ayant établie			
				Nature			
				Numéro			
				Date de délivrance			
				Autorité l'ayant établie			
		Nom, Prénom et qualité	Raison sociale	Nature			
				Numéro			
				Date de délivrance			
		Adresse du domicile	Adresse du siège social	Autorité l'ayant établie			
				Nature			
				Numéro			
				Date de délivrance			
				Autorité l'ayant établie			
		Nom, Prénom et qualité	Raison sociale	Nature			
				Numéro			
				Date de délivrance			
		Adresse du domicile	Adresse du siège social	Autorité l'ayant établie			
				Nature			
				Numéro			
				Date de délivrance			
				Autorité l'ayant établie			
		Nom, Prénom et qualité	Raison sociale	Nature			
				Numéro			
				Date de délivrance			
		Adresse du domicile	Adresse du siège social	Autorité l'ayant établie			

Numéro d'ordre	Date de l'achat / dépôt	Apporteur ou vendeur de l'objet	Si personne morale	Références de la pièce d'identité produite	Description des objets acquis ou détenus (caractéristiques apparentes, noms, signatures, n° série, signe distinctif…)	Prix d'achat	Classement ou inscription de l'objet au titre des monuments historiques
		Nom, Prénom et qualité Adresse du domicile	Raison sociale Adresse du siège social	Nature Numéro Date de délivrance Autorité l'ayant établie			
		Nom, Prénom et qualité Adresse du domicile	Raison sociale Adresse du siège social	Nature Numéro Date de délivrance Autorité l'ayant établie			
		Nom, Prénom et qualité Adresse du domicile	Raison sociale Adresse du siège social	Nature Numéro Date de délivrance Autorité l'ayant établie			
		Nom, Prénom et qualité Adresse du domicile	Raison sociale Adresse du siège social	Nature Numéro Date de délivrance Autorité l'ayant établie			
		Nom, Prénom et qualité Adresse du domicile	Raison sociale Adresse du siège social	Nature Numéro Date de délivrance Autorité l'ayant établie			
		Nom, Prénom et qualité Adresse du domicile	Raison sociale Adresse du siège social	Nature Numéro Date de délivrance Autorité l'ayant établie			
		Nom, Prénom et qualité Adresse du domicile	Raison sociale Adresse du siège social	Nature Numéro Date de délivrance Autorité l'ayant établie			
		Nom, Prénom et qualité Adresse du domicile	Raison sociale Adresse du siège social	Nature Numéro Date de délivrance Autorité l'ayant établie			

Numéro d'ordre	Date de l'achat / dépôt	Apporteur ou vendeur de l'objet	Si personne morale	Références de la pièce d'identité produite	Description des objets acquis ou détenus (caractéristiques apparentes, noms, signatures, n° série, signe distinctif…)	Prix d'achat	Classement ou inscription de l'objet au titre des monuments historiques
		Nom, Prénom et qualité	Raison sociale	Nature			
				Numéro			
				Date de délivrance			
		Adresse du domicile	Adresse du siège social	Autorité l'ayant établie			
		Nom, Prénom et qualité	Raison sociale	Nature			
				Numéro			
				Date de délivrance			
		Adresse du domicile	Adresse du siège social	Autorité l'ayant établie			
		Nom, Prénom et qualité	Raison sociale	Nature			
				Numéro			
				Date de délivrance			
		Adresse du domicile	Adresse du siège social	Autorité l'ayant établie			
		Nom, Prénom et qualité	Raison sociale	Nature			
				Numéro			
				Date de délivrance			
		Adresse du domicile	Adresse du siège social	Autorité l'ayant établie			

Numéro d'ordre	Date de l'achat / dépôt	Apporteur ou vendeur de l'objet	Si personne morale	Références de la pièce d'identité produite	Description des objets acquis ou détenus (caractéristiques apparentes, noms, signatures, n° série, signe distinctif…)	Prix d'achat	Classement ou inscription de l'objet au titre des monuments historiques
		Nom, Prénom et qualité Adresse du domicile	Raison sociale Adresse du siège social	Nature Numéro Date de délivrance Autorité l'ayant établie			
		Nom, Prénom et qualité Adresse du domicile	Raison sociale Adresse du siège social	Nature Numéro Date de délivrance Autorité l'ayant établie			
		Nom, Prénom et qualité Adresse du domicile	Raison sociale Adresse du siège social	Nature Numéro Date de délivrance Autorité l'ayant établie			
		Nom, Prénom et qualité Adresse du domicile	Raison sociale Adresse du siège social	Nature Numéro Date de délivrance Autorité l'ayant établie			
		Nom, Prénom et qualité Adresse du domicile	Raison sociale Adresse du siège social	Nature Numéro Date de délivrance Autorité l'ayant établie			
		Nom, Prénom et qualité Adresse du domicile	Raison sociale Adresse du siège social	Nature Numéro Date de délivrance Autorité l'ayant établie			
		Nom, Prénom et qualité Adresse du domicile	Raison sociale Adresse du siège social	Nature Numéro Date de délivrance Autorité l'ayant établie			

Numéro d'ordre	Date de l'achat / dépôt	Apporteur ou vendeur de l'objet	Si personne morale	Références de la pièce d'identité produite	Description des objets acquis ou détenus (caractéristiques apparentes, noms, signatures, n° série, signe distinctif...)	Prix d'achat	Classement ou inscription de l'objet au titre des monuments historiques
		Nom, Prénom et qualité	Raison sociale	Nature Numéro Date de délivrance Autorité l'ayant établie			
		Nom, Prénom et qualité					
		Nom, Prénom et qualité Adresse du domicile	Raison sociale Adresse du siège social	Nature Numéro Date de délivrance Autorité l'ayant établie			
		Nom, Prénom et qualité Adresse du domicile	Raison sociale Adresse du siège social	Nature Numéro Date de délivrance Autorité l'ayant établie			
		Nom, Prénom et qualité Adresse du domicile	Raison sociale Adresse du siège social	Nature Numéro Date de délivrance Autorité l'ayant établie			

Numéro d'ordre	Date de l'achat / dépôt	Apporteur ou vendeur de l'objet	Si personne morale	Références de la pièce d'identité produite	Description des objets acquis ou détenus (caractéristiques apparentes, noms, signatures, n° série, signe distinctif…)	Prix d'achat	Classement ou inscription de l'objet au titre des monuments historiques
		Nom, Prénom et qualité / Adresse du domicile	Raison sociale / Adresse du siège social	Nature / Numéro / Date de délivrance / Autorité l'ayant établie			
		Nom, Prénom et qualité / Adresse du domicile	Raison sociale / Adresse du siège social	Nature / Numéro / Date de délivrance / Autorité l'ayant établie			
		Nom, Prénom et qualité / Adresse du domicile	Raison sociale / Adresse du siège social	Nature / Numéro / Date de délivrance / Autorité l'ayant établie			
		Nom, Prénom et qualité / Adresse du domicile	Raison sociale / Adresse du siège social	Nature / Numéro / Date de délivrance / Autorité l'ayant établie			
		Nom, Prénom et qualité / Adresse du domicile	Raison sociale / Adresse du siège social	Nature / Numéro / Date de délivrance / Autorité l'ayant établie			
		Nom, Prénom et qualité / Adresse du domicile	Raison sociale / Adresse du siège social	Nature / Numéro / Date de délivrance / Autorité l'ayant établie			
		Nom, Prénom et qualité / Adresse du domicile	Raison sociale / Adresse du siège social	Nature / Numéro / Date de délivrance / Autorité l'ayant établie			
		Nom, Prénom et qualité / Adresse du domicile	Raison sociale / Adresse du siège social	Nature / Numéro / Date de délivrance / Autorité l'ayant établie			

Numéro d'ordre	Date de l'achat / dépôt	Apporteur ou vendeur de l'objet	Si personne morale	Références de la pièce d'identité produite	Description des objets acquis ou détenus (caractéristiques apparentes, noms, signatures, n° série, signe distinctif…)	Prix d'achat	Classement ou inscription de l'objet au titre des monuments historiques
		Nom, Prénom et qualité	Raison sociale	Nature			
				Numéro			
				Date de délivrance			
		Adresse du domicile	Adresse du siège social	Autorité l'ayant établie			
		Nom, Prénom et qualité	Raison sociale	Nature			
				Numéro			
				Date de délivrance			
		Adresse du domicile	Adresse du siège social	Autorité l'ayant établie			
		Nom, Prénom et qualité	Raison sociale	Nature			
				Numéro			
				Date de délivrance			
		Adresse du domicile	Adresse du siège social	Autorité l'ayant établie			
		Nom, Prénom et qualité	Raison sociale	Nature			
				Numéro			
				Date de délivrance			
		Adresse du domicile	Adresse du siège social	Autorité l'ayant établie			

Numéro d'ordre	Date de l'achat / dépôt	Apporteur ou vendeur de l'objet	Si personne morale	Références de la pièce d'identité produite	Description des objets acquis ou détenus (caractéristiques apparentes, noms, signatures, n° série, signe distinctif…)	Prix d'achat	Classement ou inscription de l'objet au titre des monuments historiques
		Nom, Prénom et qualité Adresse du domicile	Raison sociale Adresse du siège social	Nature Numéro Date de délivrance Autorité l'ayant établie			
		Nom, Prénom et qualité Adresse du domicile	Raison sociale Adresse du siège social	Nature Numéro Date de délivrance Autorité l'ayant établie			
		Nom, Prénom et qualité Adresse du domicile	Raison sociale Adresse du siège social	Nature Numéro Date de délivrance Autorité l'ayant établie			
		Nom, Prénom et qualité Adresse du domicile	Raison sociale Adresse du siège social	Nature Numéro Date de délivrance Autorité l'ayant établie			
		Nom, Prénom et qualité Adresse du domicile	Raison sociale Adresse du siège social	Nature Numéro Date de délivrance Autorité l'ayant établie			
		Nom, Prénom et qualité Adresse du domicile	Raison sociale Adresse du siège social	Nature Numéro Date de délivrance Autorité l'ayant établie			
		Nom, Prénom et qualité Adresse du domicile	Raison sociale Adresse du siège social	Nature Numéro Date de délivrance Autorité l'ayant établie			
		Nom, Prénom et qualité Adresse du domicile	Raison sociale Adresse du siège social	Nature Numéro Date de délivrance Autorité l'ayant établie			

Numéro d'ordre	Date de l'achat / dépôt	Apporteur ou vendeur de l'objet	Si personne morale	Références de la pièce d'identité produite	Description des objets acquis ou détenus (caractéristiques apparentes, noms, signatures, n° série, signe distinctif…)	Prix d'achat	Classement ou inscription de l'objet au titre des monuments historiques
		Nom, Prénom et qualité	Raison sociale	Nature			
				Numéro			
				Date de délivrance			
		Adresse du domicile	Adresse du siège social	Autorité l'ayant établie			
		Nom, Prénom et qualité	Raison sociale	Nature			
				Numéro			
				Date de délivrance			
		Adresse du domicile	Adresse du siège social	Autorité l'ayant établie			
		Nom, Prénom et qualité	Raison sociale	Nature			
				Numéro			
				Date de délivrance			
		Adresse du domicile	Adresse du siège social	Autorité l'ayant établie			
		Nom, Prénom et qualité	Raison sociale	Nature			
				Numéro			
				Date de délivrance			
		Adresse du domicile	Adresse du siège social	Autorité l'ayant établie			

Numéro d'ordre	Date de l'achat / dépôt	Apporteur ou vendeur de l'objet	Si personne morale	Références de la pièce d'identité produite	Description des objets acquis ou détenus (caractéristiques apparentes, noms, signatures, n° série, signe distinctif…)	Prix d'achat	Classement ou inscription de l'objet au titre des monuments historiques
		Nom, Prénom et qualité Adresse du domicile	Raison sociale Adresse du siège social	Nature Numéro Date de délivrance Autorité l'ayant établie			
		Nom, Prénom et qualité Adresse du domicile	Raison sociale Adresse du siège social	Nature Numéro Date de délivrance Autorité l'ayant établie			
		Nom, Prénom et qualité Adresse du domicile	Raison sociale Adresse du siège social	Nature Numéro Date de délivrance Autorité l'ayant établie			
		Nom, Prénom et qualité Adresse du domicile	Raison sociale Adresse du siège social	Nature Numéro Date de délivrance Autorité l'ayant établie			
		Nom, Prénom et qualité Adresse du domicile	Raison sociale Adresse du siège social	Nature Numéro Date de délivrance Autorité l'ayant établie			
		Nom, Prénom et qualité Adresse du domicile	Raison sociale Adresse du siège social	Nature Numéro Date de délivrance Autorité l'ayant établie			
		Nom, Prénom et qualité Adresse du domicile	Raison sociale Adresse du siège social	Nature Numéro Date de délivrance Autorité l'ayant établie			
		Nom, Prénom et qualité Adresse du domicile	Raison sociale Adresse du siège social	Nature Numéro Date de délivrance Autorité l'ayant établie			

Numéro d'ordre	Date de l'achat / dépôt	Apporteur ou vendeur de l'objet	Si personne morale	Références de la pièce d'identité produite	Description des objets acquis ou détenus (caractéristiques apparentes, noms, signatures, n° série, signe distinctif...)	Prix d'achat	Classement ou inscription de l'objet au titre des monuments historiques
		Nom, Prénom et qualité Adresse du domicile	Raison sociale Adresse du siège social	Nature Numéro Date de délivrance Autorité l'ayant établie			
				Nature Numéro Date de délivrance Autorité l'ayant établie			
		Nom, Prénom et qualité Adresse du domicile	Raison sociale Adresse du siège social	Nature Numéro Date de délivrance Autorité l'ayant établie			
				Nature Numéro Date de délivrance Autorité l'ayant établie			
		Nom, Prénom et qualité Adresse du domicile	Raison sociale Adresse du siège social	Nature Numéro Date de délivrance Autorité l'ayant établie			
				Nature Numéro Date de délivrance Autorité l'ayant établie			
		Nom, Prénom et qualité Adresse du domicile	Raison sociale Adresse du siège social	Nature Numéro Date de délivrance Autorité l'ayant établie			

Numéro d'ordre	Date de l'achat / dépôt	Apporteur ou vendeur de l'objet	Si personne morale	Références de la pièce d'identité produite	Description des objets acquis ou détenus (caractéristiques apparentes, noms, signatures, n° série, signe distinctif…)	Prix d'achat	Classement ou inscription de l'objet au titre des monuments historiques
		Nom, Prénom et qualité Adresse du domicile	Raison sociale Adresse du siège social	Nature Numéro Date de délivrance Autorité l'ayant établie			
		Nom, Prénom et qualité Adresse du domicile	Raison sociale Adresse du siège social	Nature Numéro Date de délivrance Autorité l'ayant établie			
		Nom, Prénom et qualité Adresse du domicile	Raison sociale Adresse du siège social	Nature Numéro Date de délivrance Autorité l'ayant établie			
		Nom, Prénom et qualité Adresse du domicile	Raison sociale Adresse du siège social	Nature Numéro Date de délivrance Autorité l'ayant établie			
		Nom, Prénom et qualité Adresse du domicile	Raison sociale Adresse du siège social	Nature Numéro Date de délivrance Autorité l'ayant établie			
		Nom, Prénom et qualité Adresse du domicile	Raison sociale Adresse du siège social	Nature Numéro Date de délivrance Autorité l'ayant établie			
		Nom, Prénom et qualité Adresse du domicile	Raison sociale Adresse du siège social	Nature Numéro Date de délivrance Autorité l'ayant établie			
		Nom, Prénom et qualité Adresse du domicile	Raison sociale Adresse du siège social	Nature Numéro Date de délivrance Autorité l'ayant établie			

Numéro d'ordre	Date de l'achat / dépôt	Apporteur ou vendeur de l'objet	Si personne morale	Références de la pièce d'identité produite	Description des objets acquis ou détenus (caractéristiques apparentes, noms, signatures, n° série, signe distinctif...)	Prix d'achat	Classement ou inscription de l'objet au titre des monuments historiques
		Nom, Prénom et qualité	Raison sociale	Nature			
				Numéro			
		Adresse du domicile	Adresse du siège social	Date de délivrance			
				Autorité l'ayant établie			
				Nature			
				Numéro			
		Nom, Prénom et qualité	Raison sociale	Date de délivrance			
		Adresse du domicile	Adresse du siège social	Autorité l'ayant établie			
		Nom, Prénom et qualité	Raison sociale	Nature			
				Numéro			
		Adresse du domicile	Adresse du siège social	Date de délivrance			
				Autorité l'ayant établie			
		Nom, Prénom et qualité	Raison sociale	Nature			
				Numéro			
		Adresse du domicile	Adresse du siège social	Date de délivrance			
				Autorité l'ayant établie			

Numéro d'ordre	Date de l'achat / dépôt	Apporteur ou vendeur de l'objet	Si personne morale	Références de la pièce d'identité produite	Description des objets acquis ou détenus (caractéristiques apparentes, noms, signatures, n° série, signe distinctif…)	Prix d'achat	Classement ou inscription de l'objet au titre des monuments historiques
		Nom, Prénom et qualité Adresse du domicile	Raison sociale Adresse du siège social	Nature Numéro Date de délivrance Autorité l'ayant établie			
		Nom, Prénom et qualité Adresse du domicile	Raison sociale Adresse du siège social	Nature Numéro Date de délivrance Autorité l'ayant établie			
		Nom, Prénom et qualité Adresse du domicile	Raison sociale Adresse du siège social	Nature Numéro Date de délivrance Autorité l'ayant établie			
		Nom, Prénom et qualité Adresse du domicile	Raison sociale Adresse du siège social	Nature Numéro Date de délivrance Autorité l'ayant établie			
		Nom, Prénom et qualité Adresse du domicile	Raison sociale Adresse du siège social	Nature Numéro Date de délivrance Autorité l'ayant établie			
		Nom, Prénom et qualité Adresse du domicile	Raison sociale Adresse du siège social	Nature Numéro Date de délivrance Autorité l'ayant établie			
		Nom, Prénom et qualité Adresse du domicile	Raison sociale Adresse du siège social	Nature Numéro Date de délivrance Autorité l'ayant établie			
		Nom, Prénom et qualité Adresse du domicile	Raison sociale Adresse du siège social	Nature Numéro Date de délivrance Autorité l'ayant établie			

Numéro d'ordre	Date de l'achat / dépôt	Apporteur ou vendeur de l'objet	Si personne morale	Références de la pièce d'identité produite	Description des objets acquis ou détenus (caractéristiques apparentes, noms, signatures, n° série, signe distinctif...)	Prix d'achat	Classement ou inscription de l'objet au titre des monuments historiques
		Nom, Prénom et qualité	Raison sociale	Nature			
				Numéro			
				Date de délivrance			
		Adresse du domicile	Adresse du siège social	Autorité l'ayant établie			
		Nom, Prénom et qualité	Raison sociale	Nature			
				Numéro			
				Date de délivrance			
		Adresse du domicile	Adresse du siège social	Autorité l'ayant établie			
		Nom, Prénom et qualité	Raison sociale	Nature			
				Numéro			
				Date de délivrance			
		Adresse du domicile	Adresse du siège social	Autorité l'ayant établie			
		Nom, Prénom et qualité	Raison sociale	Nature			
				Numéro			
				Date de délivrance			
		Adresse du domicile	Adresse du siège social	Autorité l'ayant établie			

Numéro d'ordre	Date de l'achat / dépôt	Apporteur ou vendeur de l'objet	Si personne morale	Références de la pièce d'identité produite	Description des objets acquis ou détenus (caractéristiques apparentes, noms, signatures, n° série, signe distinctif…)	Prix d'achat	Classement ou inscription de l'objet au titre des monuments historiques
		Nom, Prénom et qualité Adresse du domicile	Raison sociale Adresse du siège social	Nature Numéro Date de délivrance Autorité l'ayant établie			
		Nom, Prénom et qualité Adresse du domicile	Raison sociale Adresse du siège social	Nature Numéro Date de délivrance Autorité l'ayant établie			
		Nom, Prénom et qualité Adresse du domicile	Raison sociale Adresse du siège social	Nature Numéro Date de délivrance Autorité l'ayant établie			
		Nom, Prénom et qualité Adresse du domicile	Raison sociale Adresse du siège social	Nature Numéro Date de délivrance Autorité l'ayant établie			
		Nom, Prénom et qualité Adresse du domicile	Raison sociale Adresse du siège social	Nature Numéro Date de délivrance Autorité l'ayant établie			
		Nom, Prénom et qualité Adresse du domicile	Raison sociale Adresse du siège social	Nature Numéro Date de délivrance Autorité l'ayant établie			
		Nom, Prénom et qualité Adresse du domicile	Raison sociale Adresse du siège social	Nature Numéro Date de délivrance Autorité l'ayant établie			
		Nom, Prénom et qualité Adresse du domicile	Raison sociale Adresse du siège social	Nature Numéro Date de délivrance Autorité l'ayant établie			

Numéro d'ordre	Date de l'achat / dépôt	Apporteur ou vendeur de l'objet	Si personne morale	Références de la pièce d'identité produite	Description des objets acquis ou détenus (caractéristiques apparentes, noms, signatures, n° série, signe distinctif…)	Prix d'achat	Classement ou inscription de l'objet au titre des monuments historiques
		Nom, Prénom et qualité Adresse du domicile	Raison sociale Adresse du siège social	Nature Numéro Date de délivrance Autorité l'ayant établie			
		Nom, Prénom et qualité Adresse du domicile	Raison sociale Adresse du siège social	Nature Numéro Date de délivrance Autorité l'ayant établie			
		Nom, Prénom et qualité Adresse du domicile	Raison sociale Adresse du siège social	Nature Numéro Date de délivrance Autorité l'ayant établie			
		Nom, Prénom et qualité Adresse du domicile	Raison sociale Adresse du siège social	Nature Numéro Date de délivrance Autorité l'ayant établie			

Numéro d'ordre	Date de l'achat / dépôt	Apporteur ou vendeur de l'objet	Si personne morale	Références de la pièce d'identité produite	Description des objets acquis ou détenus (caractéristiques apparentes, noms, signatures, n° série, signe distinctif…)	Prix d'achat	Classement ou inscription de l'objet au titre des monuments historiques
		Nom, Prénom et qualité Adresse du domicile	Raison sociale Adresse du siège social	Nature Numéro Date de délivrance Autorité l'ayant établie			
		Nom, Prénom et qualité Adresse du domicile	Raison sociale Adresse du siège social	Nature Numéro Date de délivrance Autorité l'ayant établie			
		Nom, Prénom et qualité Adresse du domicile	Raison sociale Adresse du siège social	Nature Numéro Date de délivrance Autorité l'ayant établie			
		Nom, Prénom et qualité Adresse du domicile	Raison sociale Adresse du siège social	Nature Numéro Date de délivrance Autorité l'ayant établie			
		Nom, Prénom et qualité Adresse du domicile	Raison sociale Adresse du siège social	Nature Numéro Date de délivrance Autorité l'ayant établie			
		Nom, Prénom et qualité Adresse du domicile	Raison sociale Adresse du siège social	Nature Numéro Date de délivrance Autorité l'ayant établie			
		Nom, Prénom et qualité Adresse du domicile	Raison sociale Adresse du siège social	Nature Numéro Date de délivrance Autorité l'ayant établie			
		Nom, Prénom et qualité Adresse du domicile	Raison sociale Adresse du siège social	Nature Numéro Date de délivrance Autorité l'ayant établie			

Numéro d'ordre	Date de l'achat / dépôt	Apporteur ou vendeur de l'objet	Si personne morale	Références de la pièce d'identité produite	Description des objets acquis ou détenus (caractéristiques apparentes, noms, signatures, n° série, signe distinctif...)	Prix d'achat	Classement ou inscription de l'objet au titre des monuments historiques
		Nom, prénom et qualité	Raison sociale	Nature			
				Numéro			
				Date de délivrance			
		Adresse du domicile	Adresse du siège social	Autorité l'ayant établie			
				Nature			
				Numéro			
		Nom, prénom et qualité	Raison sociale				
				Date de délivrance			
		Adresse du domicile	Adresse du siège social	Autorité l'ayant établie			
				Nature			
				Numéro			
		Nom, prénom et qualité	Raison sociale	Date de délivrance			
		Adresse du domicile	Adresse du siège social	Autorité l'ayant établie			
				Nature			
				Numéro			
		Nom, Prénom et qualité	Raison sociale	Date de délivrance			
		Adresse du domicile	Adresse du siège social	Autorité l'ayant établie			

Numéro d'ordre	Date de l'achat / dépôt	Apporteur ou vendeur de l'objet	Si personne morale	Références de la pièce d'identité produite	Description des objets acquis ou détenus (caractéristiques apparentes, noms, signatures, n° série, signe distinctif…)	Prix d'achat	Classement ou inscription de l'objet au titre des monuments historiques
		Nom, Prénom et qualité	Raison sociale	Nature			
				Numéro			
				Date de délivrance			
		Adresse du domicile	Adresse du siège social	Autorité l'ayant établie			
		Nom, Prénom et qualité	Raison sociale	Nature			
				Numéro			
				Date de délivrance			
		Adresse du domicile	Adresse du siège social	Autorité l'ayant établie			
		Nom, Prénom et qualité	Raison sociale	Nature			
				Numéro			
				Date de délivrance			
		Adresse du domicile	Adresse du siège social	Autorité l'ayant établie			
		Nom, Prénom et qualité	Raison sociale	Nature			
				Numéro			
				Date de délivrance			
		Adresse du domicile	Adresse du siège social	Autorité l'ayant établie			
		Nom, Prénom et qualité	Raison sociale	Nature			
				Numéro			
				Date de délivrance			
		Adresse du domicile	Adresse du siège social	Autorité l'ayant établie			
		Nom, Prénom et qualité	Raison sociale	Nature			
				Numéro			
				Date de délivrance			
		Adresse du domicile	Adresse du siège social	Autorité l'ayant établie			
		Nom, Prénom et qualité	Raison sociale	Nature			
				Numéro			
				Date de délivrance			
		Adresse du domicile	Adresse du siège social	Autorité l'ayant établie			
		Nom, Prénom et qualité	Raison sociale	Nature			
				Numéro			
				Date de délivrance			
		Adresse du domicile	Adresse du siège social	Autorité l'ayant établie			

Numéro d'ordre	Date de l'achat / dépôt	Apporteur ou vendeur de l'objet	Si personne morale	Références de la pièce d'identité produite	Description des objets acquis ou détenus (caractéristiques apparentes, noms, signatures, n° série, signe distinctif…)	Prix d'achat	Classement ou inscription de l'objet au titre des monuments historiques
		Nom, Prénom et qualité	Raison sociale	Nature Numéro Date de délivrance Autorité l'ayant établie			
		Nom, Prénom et qualité	Raison sociale	Nature Numéro Date de délivrance Autorité l'ayant établie			
		Adresse du domicile	Adresse du siège social				
		Nom, Prénom et qualité	Raison sociale	Nature Numéro Date de délivrance Autorité l'ayant établie			
		Adresse du domicile	Adresse du siège social				
		Nom, Prénom et qualité	Raison sociale	Nature Numéro Date de délivrance Autorité l'ayant établie			
		Adresse du domicile	Adresse du siège social				

Numéro d'ordre	Date de l'achat / dépôt	Apporteur ou vendeur de l'objet	Si personne morale	Références de la pièce d'identité produite	Description des objets acquis ou détenus (caractéristiques apparentes, noms, signatures, n° série, signe distinctif…)	Prix d'achat	Classement ou inscription de l'objet au titre des monuments historiques
		Nom, Prénom et qualité Adresse du domicile	Raison sociale Adresse du siège social	Nature Numéro Date de délivrance Autorité l'ayant établie			
		Nom, Prénom et qualité Adresse du domicile	Raison sociale Adresse du siège social	Nature Numéro Date de délivrance Autorité l'ayant établie			
		Nom, Prénom et qualité Adresse du domicile	Raison sociale Adresse du siège social	Nature Numéro Date de délivrance Autorité l'ayant établie			
		Nom, Prénom et qualité Adresse du domicile	Raison sociale Adresse du siège social	Nature Numéro Date de délivrance Autorité l'ayant établie			
		Nom, Prénom et qualité Adresse du domicile	Raison sociale Adresse du siège social	Nature Numéro Date de délivrance Autorité l'ayant établie			
		Nom, Prénom et qualité Adresse du domicile	Raison sociale Adresse du siège social	Nature Numéro Date de délivrance Autorité l'ayant établie			
		Nom, Prénom et qualité Adresse du domicile	Raison sociale Adresse du siège social	Nature Numéro Date de délivrance Autorité l'ayant établie			
		Nom, Prénom et qualité Adresse du domicile	Raison sociale Adresse du siège social	Nature Numéro Date de délivrance Autorité l'ayant établie			

Numéro d'ordre	Date de l'achat / dépôt	Apporteur ou vendeur de l'objet	Si personne morale	Références de la pièce d'identité produite	Description des objets acquis ou détenus (caractéristiques apparentes, noms, signatures, n° série, signe distinctif…)	Prix d'achat	Classement ou inscription de l'objet au titre des monuments historiques
		Nom, Prénom et qualité	Raison sociale	Nature			
				Numéro			
				Date de délivrance			
		Adresse du domicile	Adresse du siège social	Autorité l'ayant établie			
		Nom, Prénom et qualité	Raison sociale	Nature			
				Numéro			
				Date de délivrance			
		Adresse du domicile	Adresse du siège social	Autorité l'ayant établie			
		Nom, Prénom et qualité	Raison sociale	Nature			
				Numéro			
				Date de délivrance			
		Adresse du domicile	Adresse du siège social	Autorité l'ayant établie			
		Nom, Prénom et qualité	Raison sociale	Nature			
				Numéro			
				Date de délivrance			
		Adresse du domicile	Adresse du siège social	Autorité l'ayant établie			

Numéro d'ordre	Date de l'achat / dépôt	Apporteur ou vendeur de l'objet	Si personne morale	Références de la pièce d'identité produite	Description des objets acquis ou détenus (caractéristiques apparentes, noms, signatures, n° série, signe distinctif…)	Prix d'achat	Classement ou inscription de l'objet au titre des monuments historiques
		Nom, Prénom et qualité	Raison sociale	Nature			
				Numéro			
		Adresse du domicile	Adresse du siège social	Date de délivrance			
				Autorité l'ayant établie			
		Nom, Prénom et qualité	Raison sociale	Nature			
				Numéro			
		Adresse du domicile	Adresse du siège social	Date de délivrance			
				Autorité l'ayant établie			
		Nom, Prénom et qualité	Raison sociale	Nature			
				Numéro			
		Adresse du domicile	Adresse du siège social	Date de délivrance			
				Autorité l'ayant établie			
		Nom, Prénom et qualité	Raison sociale	Nature			
				Numéro			
		Adresse du domicile	Adresse du siège social	Date de délivrance			
				Autorité l'ayant établie			
		Nom, Prénom et qualité	Raison sociale	Nature			
				Numéro			
		Adresse du domicile	Adresse du siège social	Date de délivrance			
				Autorité l'ayant établie			
		Nom, Prénom et qualité	Raison sociale	Nature			
				Numéro			
		Adresse du domicile	Adresse du siège social	Date de délivrance			
				Autorité l'ayant établie			
		Nom, Prénom et qualité	Raison sociale	Nature			
				Numéro			
		Adresse du domicile	Adresse du siège social	Date de délivrance			
				Autorité l'ayant établie			

Numéro d'ordre	Date de l'achat / dépôt	Apporteur ou vendeur de l'objet	Si personne morale	Références de la pièce d'identité produite	Description des objets acquis ou détenus (caractéristiques apparentes, noms, signatures, n° série, signe distinctif...)	Prix d'achat	Classement ou inscription de l'objet au titre des monuments historiques
		Nom, Prénom et qualité	Raison sociale	Nature			
				Numéro			
				Date de délivrance			
		Adresse du domicile	Adresse du siège social	Autorité l'ayant établie			
		Nom, Prénom et qualité	Raison sociale	Nature			
				Numéro			
				Date de délivrance			
		Adresse du domicile	Adresse du siège social	Autorité l'ayant établie			
		Nom, Prénom et qualité	Raison sociale	Nature			
				Numéro			
				Date de délivrance			
		Adresse du domicile	Adresse du siège social	Autorité l'ayant établie			
		Nom, Prénom et qualité	Raison sociale	Nature			
				Numéro			
				Date de délivrance			
		Adresse du domicile	Adresse du siège social	Autorité l'ayant établie			

Numéro d'ordre	Date de l'achat / dépôt	Apporteur ou vendeur de l'objet	Si personne morale	Références de la pièce d'identité produite	Description des objets acquis ou détenus (caractéristiques apparentes, noms, signatures, n° série, signe distinctif…)	Prix d'achat	Classement ou inscription de l'objet au titre des monuments historiques
		Nom, Prénom et qualité Adresse du domicile	Raison sociale Adresse du siège social	Nature Numéro Date de délivrance Autorité l'ayant établie			
		Nom, Prénom et qualité Adresse du domicile	Raison sociale Adresse du siège social	Nature Numéro Date de délivrance Autorité l'ayant établie			
		Nom, Prénom et qualité Adresse du domicile	Raison sociale Adresse du siège social	Nature Numéro Date de délivrance Autorité l'ayant établie			
		Nom, Prénom et qualité Adresse du domicile	Raison sociale Adresse du siège social	Nature Numéro Date de délivrance Autorité l'ayant établie			
		Nom, Prénom et qualité Adresse du domicile	Raison sociale Adresse du siège social	Nature Numéro Date de délivrance Autorité l'ayant établie			
		Nom, Prénom et qualité Adresse du domicile	Raison sociale Adresse du siège social	Nature Numéro Date de délivrance Autorité l'ayant établie			
		Nom, Prénom et qualité Adresse du domicile	Raison sociale Adresse du siège social	Nature Numéro Date de délivrance Autorité l'ayant établie			
		Nom, Prénom et qualité Adresse du domicile	Raison sociale Adresse du siège social	Nature Numéro Date de délivrance Autorité l'ayant établie			

Numéro d'ordre	Date de l'achat / dépôt	Apporteur ou vendeur de l'objet	Si personne morale	Références de la pièce d'identité produite	Description des objets acquis ou détenus (caractéristiques apparentes, noms, signatures, n° série, signe distinctif...)	Prix d'achat	Classement ou inscription de l'objet au titre des monuments historiques
		Nom, Prénom et qualité Adresse du domicile	Raison sociale Adresse du siège social	Nature Numéro Date de délivrance Autorité l'ayant établie			
		Nom, Prénom et qualité Adresse du domicile	Raison sociale Adresse du siège social	Nature Numéro Date de délivrance Autorité l'ayant établie			
		Nom, Prénom et qualité Adresse du domicile	Raison sociale Adresse du siège social	Nature Numéro Date de délivrance Autorité l'ayant établie			
		Nom, Prénom et qualité Adresse du domicile	Raison sociale Adresse du siège social	Nature Numéro Date de délivrance Autorité l'ayant établie			

Numéro d'ordre	Date de l'achat / dépôt	Apporteur ou vendeur de l'objet	Si personne morale	Références de la pièce d'identité produite	Description des objets acquis ou détenus (caractéristiques apparentes, noms, signatures, n° série, signe distinctif…)	Prix d'achat	Classement ou inscription de l'objet au titre des monuments historiques
		Nom, Prénom et qualité Adresse du domicile	Raison sociale Adresse du siège social	Nature Numéro Date de délivrance Autorité l'ayant établie			
		Nom, Prénom et qualité Adresse du domicile	Raison sociale Adresse du siège social	Nature Numéro Date de délivrance Autorité l'ayant établie			
		Nom, Prénom et qualité Adresse du domicile	Raison sociale Adresse du siège social	Nature Numéro Date de délivrance Autorité l'ayant établie			
		Nom, Prénom et qualité Adresse du domicile	Raison sociale Adresse du siège social	Nature Numéro Date de délivrance Autorité l'ayant établie			
		Nom, Prénom et qualité Adresse du domicile	Raison sociale Adresse du siège social	Nature Numéro Date de délivrance Autorité l'ayant établie			
		Nom, Prénom et qualité Adresse du domicile	Raison sociale Adresse du siège social	Nature Numéro Date de délivrance Autorité l'ayant établie			
		Nom, Prénom et qualité Adresse du domicile	Raison sociale Adresse du siège social	Nature Numéro Date de délivrance Autorité l'ayant établie			
		Nom, Prénom et qualité Adresse du domicile	Raison sociale Adresse du siège social	Nature Numéro Date de délivrance Autorité l'ayant établie			

Numéro d'ordre	Date de l'achat / dépôt	Apporteur ou vendeur de l'objet	Si personne morale	Références de la pièce d'identité produite	Description des objets acquis ou détenus (caractéristiques apparentes, noms, signatures, n° série, signe distinctif...)	Prix d'achat	Classement ou inscription de l'objet au titre des monuments historiques
		Nom, Prénom et qualité	Raison sociale	Nature Numéro Date de délivrance Autorité l'ayant établie			
		Adresse du domicile	Adresse du siège social				
				Nature Numéro Date de délivrance Autorité l'ayant établie			
		Nom, Prénom et qualité	Raison sociale	Nature Numéro Date de naissance Autorité l'ayant établie			
		Adresse du domicile	Adresse du siège social				
		Nom, Prénom et qualité	Raison sociale	Nature Numéro Date de naissance Autorité l'ayant établie			
		Adresse du domicile	Adresse du siège social				
		Nom, Prénom et qualité	Raison sociale	Nature Numéro Date de délivrance Autorité l'ayant établie			
		Adresse du domicile	Adresse du siège social				

Numéro d'ordre	Date de l'achat / dépôt	Apporteur ou vendeur de l'objet	Si personne morale	Références de la pièce d'identité produite	Description des objets acquis ou détenus (caractéristiques apparentes, noms, signatures, n° série, signe distinctif…)	Prix d'achat	Classement ou inscription de l'objet au titre des monuments historiques
		Nom, Prénom et qualité	Raison sociale	Nature			
				Numéro			
				Date de délivrance			
		Adresse du domicile	Adresse du siège social	Autorité l'ayant établie			
		Nom, Prénom et qualité	Raison sociale	Nature			
				Numéro			
				Date de délivrance			
		Adresse du domicile	Adresse du siège social	Autorité l'ayant établie			
		Nom, Prénom et qualité	Raison sociale	Nature			
				Numéro			
				Date de délivrance			
		Adresse du domicile	Adresse du siège social	Autorité l'ayant établie			
		Nom, Prénom et qualité	Raison sociale	Nature			
				Numéro			
				Date de délivrance			
		Adresse du domicile	Adresse du siège social	Autoriré l'ayant établie			
		Nom, Prénom et qualité	Raison sociale	Nature			
				Numéro			
				Date de délivrance			
		Adresse du domicile	Adresse du siège social	Autorité l'ayant établie			
		Nom, Prénom et qualité	Raison sociale	Nature			
				Numéro			
				Date de délivrance			
		Adresse du domicile	Adresse du siège social	Autorité l'ayant établie			
		Nom, Prénom et qualité	Raison sociale	Nature			
				Numéro			
				Date de délivrance			
		Adresse du domicile	Adresse du siège social	Autorité l'ayant établie			
		Nom, Prénom et qualité	Raison sociale	Nature			
				Numéro			
				Date de délivrance			
		Adresse du domicile	Adresse du siège social	Autorité l'ayant établie			

Numéro d'ordre	Date de l'achat / dépôt	Apporteur ou vendeur de l'objet	Si personne morale	Références de la pièce d'identité produite	Description des objets acquis ou détenus (caractéristiques apparentes, noms, signatures, n° série, signe distinctif…)	Prix d'achat	Classement ou inscription de l'objet au titre des monuments historiques
		Nom, Prénom et qualité	Raison sociale	Nature Numéro Date de délivrance Autorité l'ayant établie			
		Adresse du domicile	Adresse du siège social				
				Nature Numéro Date de délivrance Autorité l'ayant établie			
		Nom, Prénom et qualité	Raison sociale	Nature Numéro Date de délivrance Autorité l'ayant établie			
		Adresse du domicile	Adresse du siège social				
		Nom, Prénom et qualité	Raison sociale	Nature Numéro Date de délivrance Autorité l'ayant établie			
		Adresse du domicile	Adresse du siège social				
		Nom, Prénom et qualité	Raison sociale	Nature Numéro Date de délivrance Autorité l'ayant établie			
		Adresse du domicile	Adresse du siège social				

Numéro d'ordre	Date de l'achat / dépôt	Apporteur ou vendeur de l'objet	Si personne morale	Références de la pièce d'identité produite	Description des objets acquis ou détenus (caractéristiques apparentes, noms, signatures, n° série, signe distinctif…)	Prix d'achat	Classement ou inscription de l'objet au titre des monuments historiques
		Nom, Prénom et qualité Adresse du domicile	Raison sociale Adresse du siège social	Nature Numéro Date de délivrance Autorité l'ayant établie			
		Nom, Prénom et qualité Adresse du domicile	Raison sociale Adresse du siège social	Nature Numéro Date de délivrance Autorité l'ayant établie			
		Nom, Prénom et qualité Adresse du domicile	Raison sociale Adresse du siège social	Nature Numéro Date de délivrance Autorité l'ayant établie			
		Nom, Prénom et qualité Adresse du domicile	Raison sociale Adresse du siège social	Nature Numéro Date de délivrance Autorité l'ayant établie			
		Nom, Prénom et qualité Adresse du domicile	Raison sociale Adresse du siège social	Nature Numéro Date de délivrance Autorité l'ayant établie			
		Nom, Prénom et qualité Adresse du domicile	Raison sociale Adresse du siège social	Nature Numéro Date de délivrance Autorité l'ayant établie			
		Nom, Prénom et qualité Adresse du domicile	Raison sociale Adresse du siège social	Nature Numéro Date de délivrance Autorité l'ayant établie			
		Nom, Prénom et qualité Adresse du domicile	Raison sociale Adresse du siège social	Nature Numéro Date de délivrance Autorité l'ayant établie			

Numéro d'ordre	Date de l'achat / dépôt	Apporteur ou vendeur de l'objet	Si personne morale	Références de la pièce d'identité produite	Description des objets acquis ou détenus (caractéristiques apparentes, noms, signatures, n° série, signe distinctif…)	Prix d'achat	Classement ou inscription de l'objet au titre des monuments historiques
		Nom, Prénom et qualité Adresse du domicile	Raison sociale Adresse du siège social	Nature Numéro Date de délivrance Autorité l'ayant établie			
		Nom, Prénom et qualité Adresse du domicile	Raison sociale Adresse du siège social	Nature Numéro Date de délivrance Autorité l'ayant établie			
		Nom, Prénom et qualité Adresse du domicile	Raison sociale Adresse du siège social	Nature Numéro Date de délivrance Autorité l'ayant établie			
		Nom, Prénom et qualité Adresse du domicile	Raison sociale Adresse du siège social	Nature Numéro Date de délivrance Autorité l'ayant établie			

Numéro d'ordre	Date de l'achat / dépôt	Apporteur ou vendeur de l'objet	Si personne morale	Références de la pièce d'identité produite	Description des objets acquis ou détenus (caractéristiques apparentes, noms, signatures, n° série, signe distinctif…)	Prix d'achat	Classement ou inscription de l'objet au titre des monuments historiques
		Nom, Prénom et qualité Adresse du domicile	Raison sociale Adresse du siège social	Nature Numéro Date de délivrance Autorité l'ayant établie			
		Nom, Prénom et qualité Adresse du domicile	Raison sociale Adresse du siège social	Nature Numéro Date de délivrance Autorité l'ayant établie			
		Nom, Prénom et qualité Adresse du domicile	Raison sociale Adresse du siège social	Nature Numéro Date de délivrance Autorité l'ayant établie			
		Nom, Prénom et qualité Adresse du domicile	Raison sociale Adresse du siège social	Nature Numéro Date de délivrance Autorité l'ayant établie			
		Nom, Prénom et qualité Adresse du domicile	Raison sociale Adresse du siège social	Nature Numéro Date de délivrance Autorité l'ayant établie			
		Nom, Prénom et qualité Adresse du domicile	Raison sociale Adresse du siège social	Nature Numéro Date de délivrance Autorité l'ayant établie			
		Nom, Prénom et qualité Adresse du domicile	Raison sociale Adresse du siège social	Nature Numéro Date de délivrance Autorité l'ayant établie			

Numéro d'ordre	Date de l'achat / dépôt	Apporteur ou vendeur de l'objet	Si personne morale	Références de la pièce d'identité produite	Description des objets acquis ou détenus (caractéristiques apparentes, noms, signatures, n° série, signe distinctif...)	Prix d'achat	Classement ou inscription de l'objet au titre des monuments historiques
		Nom, Prénom et qualité	Raison sociale	Nature			
				Numéro			
		Adresse du domicile	Adresse du siège social	Date de délivrance			
				Autorité l'ayant établie			
		Nom, Prénom et qualité	Raison sociale	Nature			
				Numéro			
		Adresse du domicile	Adresse du siège social	Date de délivrance			
				Autorité l'ayant établie			
		Nom, Prénom et qualité	Raison sociale	Nature			
				Numéro			
		Adresse du domicile	Adresse du siège social	Date de délivrance			
				Autorité l'ayant établie			
		Nom, Prénom et qualité	Raison sociale	Nature			
				Numéro			
		Adresse du domicile	Adresse du siège social	Date de délivrance			
				Autorité l'ayant établie			

Numéro d'ordre	Date de l'achat / dépôt	Apporteur ou vendeur de l'objet	Si personne morale	Références de la pièce d'identité produite	Description des objets acquis ou détenus (caractéristiques apparentes, noms, signatures, n° série, signe distinctif…)	Prix d'achat	Classement ou inscription de l'objet au titre des monuments historiques
		Nom, Prénom et qualité	Raison sociale	Nature			
				Numéro			
				Date de délivrance			
		Adresse du domicile	Adresse du siège social	Autorité l'ayant établie			
		Nom, Prénom et qualité	Raison sociale	Nature			
				Numéro			
				Date de délivrance			
		Adresse du domicile	Adresse du siège social	Autorité l'ayant établie			
		Nom, Prénom et qualité	Raison sociale	Nature			
				Numéro			
				Date de délivrance			
		Adresse du domicile	Adresse du siège social	Autorité l'ayant établie			
		Nom, Prénom et qualité	Raison sociale	Nature			
				Numéro			
				Date de délivrance			
		Adresse du domicile	Adresse du siège social	Autorité l'ayant établie			
		Nom, Prénom et qualité	Raison sociale	Numéro			
				Numéro			
				Date de délivrance			
		Adresse du domicile	Adresse du siège social	Autorité l'ayant établie			
		Nom, Prénom et qualité	Raison sociale	Nature			
				Numéro			
				Date de délivrance			
		Adresse du domicile	Adresse du siège social	Autorité l'ayant établie			
		Nom, Prénom et qualité	Raison sociale	Nature			
				Numéro			
				Date de délivrance			
		Adresse du domicile	Adresse du siège social	Autorité l'ayant établie			
		Nom, Prénom et qualité	Raison sociale	Nature			
				Numéro			
				Date de délivrance			
		Adresse du domicile	Adresse du siège social	Autorité l'ayant établie			

Numéro d'ordre	Date de l'achat / dépôt	Apporteur ou vendeur de l'objet	Si personne morale	Références de la pièce d'identité produite	Description des objets acquis ou détenus (caractéristiques apparentes, noms, signatures, n° série, signe distinctif…)	Prix d'achat	Classement ou inscription de l'objet au titre des monuments historiques
		Nom, Prénom et qualité	Raison sociale	Nature			
				Numéro			
			Adresse du siège social	Date de délivrance			
		Adresse du domicile		Autorité l'ayant établie			
				Nature			
				Numéro			
				Date de délivrance			
				Autorité l'ayant établie			
		Nom, Prénom et qualité	Raison sociale	Nature			
				Numéro			
			Adresse du siège social	Date de délivrance			
		Adresse du domicile		Autorité l'ayant établie			
				Nature			
				Numéro			
				Date de délivrance			
				Autorité l'ayant établie			
		Nom, Prénom et qualité	Raison sociale	Nature			
				Numéro			
			Adresse du siège social	Date de délivrance			
		Adresse du domicile		Autorité l'ayant établie			
				Nature			
				Numéro			
				Date de délivrance			
				Autorité l'ayant établie			
		Nom, Prénom et qualité	Raison sociale	Nature			
				Numéro			
		Adresse du domicile	Adresse du siège social	Date de délivrance			
				Autorité l'ayant établie			

Numéro d'ordre	Date de l'achat / dépôt	Apporteur ou vendeur de l'objet	Si personne morale	Références de la pièce d'identité produite	Description des objets acquis ou détenus (caractéristiques apparentes, noms, signatures, n° série, signe distinctif…)	Prix d'achat	Classement ou inscription de l'objet au titre des monuments historiques
		Nom, Prénom et qualité Adresse du domicile	Raison sociale Adresse du siège social	Nature Numéro Date de délivrance Autorité l'ayant établie			
		Nom, Prénom et qualité Adresse du domicile	Raison sociale Adresse du siège social	Nature Numéro Date de délivrance Autorité l'ayant établie			
		Nom, Prénom et qualité Adresse du domicile	Raison sociale Adresse du siège social	Nature Numéro Date de délivrance Autorité l'ayant établie			
		Nom, Prénom et qualité Adresse du domicile	Raison sociale Adresse du siège social	Nature Numéro Date de délivrance Autorité l'ayant établie			
		Nom, Prénom et qualité Adresse du domicile	Raison sociale Adresse du siège social	Nature Numéro Date de délivrance Autorité l'ayant établie			
		Nom, Prénom et qualité Adresse du domicile	Raison sociale Adresse du siège social	Nature Numéro Date de délivrance Autorité l'ayant établie			
		Nom, Prénom et qualité Adresse du domicile	Raison sociale Adresse du siège social	Nature Numéro Date de délivrance Autorité l'ayant établie			
		Nom, Prénom et qualité Adresse du domicile	Raison sociale Adresse du siège social	Nature Numéro Date de délivrance Autorité l'ayant établie			

Numéro d'ordre	Date de l'achat / dépôt	Apporteur ou vendeur de l'objet	Si personne morale	Références de la pièce d'identité produite	Description des objets acquis ou détenus (caractéristiques apparentes, noms, signatures, n° série, signe distinctif…)	Prix d'achat	Classement ou inscription de l'objet au titre des monuments historiques
		Nom, Prénom et qualité	Raison sociale	Nature			
				Numéro			
		Adresse du domicile	Adresse du siège social	Date de délivrance			
				Autorité l'ayant établie			
		Nom, Prénom et qualité	Raison sociale	Nature			
				Numéro			
		Adresse du domicile	Adresse du siège social	Date de délivrance			
				Autorité l'ayant établie			
		Nom, Prénom et qualité	Raison sociale	Nature			
				Numéro			
		Adresse du domicile	Adresse du siège social	Date de délivrance			
				Autorité l'ayant établie			
		Nom, Prénom et qualité	Raison sociale	Nature			
				Numéro			
		Adresse du domicile	Adresse du siège social	Date de délivrance			
				Autorité l'ayant établie			

Numéro d'ordre	Date de l'achat / dépôt	Apporteur ou vendeur de l'objet	Si personne morale	Références de la pièce d'identité produite	Description des objets acquis ou détenus (caractéristiques apparentes, noms, signatures, n° série, signe distinctif…)	Prix d'achat	Classement ou inscription de l'objet au titre des monuments historiques
		Nom, Prénom et qualité	Raison sociale	Nature			
				Numéro			
				Date de délivrance			
		Adresse du domicile	Adresse du siège social	Autorité l'ayant établie			
		Nom, Prénom et qualité	Raison sociale	Nature			
				Numéro			
				Date de délivrance			
		Adresse du domicile	Adresse du siège social	Autorité l'ayant établie			
		Nom, Prénom et qualité	Raison sociale	Nature			
				Numéro			
				Date de délivrance			
		Adresse du domicile	Adresse du siège social	Autorité l'ayant établie			
		Nom, Prénom et qualité	Raison sociale	Nature			
				Numéro			
				Date de délivrance			
		Adresse du domicile	Adresse du siège social	Autorité l'ayant établie			
		Nom, Prénom et qualité	Raison sociale	Nature			
				Numéro			
				Date de délivrance			
		Adresse du domicile	Adresse du siège social	Autorité l'ayant établie			
		Nom, Prénom et qualité	Raison sociale	Nature			
				Numéro			
				Date de délivrance			
		Adresse du domicile	Adresse du siège social	Autorité l'ayant établie			
		Nom, Prénom et qualité	Raison sociale	Nature			
				Numéro			
				Date de délivrance			
		Adresse du domicile	Adresse du siège social	Autorité l'ayant établie			
		Nom, Prénom et qualité	Raison sociale	Nature			
				Numéro			
				Date de délivrance			
		Adresse du domicile	Adresse du siège social	Autorité l'ayant établie			

Numéro d'ordre	Date de l'achat / dépôt	Apporteur ou vendeur de l'objet	Si personne morale	Références de la pièce d'identité produite	Description des objets acquis ou détenus (caractéristiques apparentes, noms, signatures, n° série, signe distinctif…)	Prix d'achat	Classement ou inscription de l'objet au titre des monuments historiques
		Nom, Prénom et qualité	Raison sociale	Nature Numéro Date de délivrance Autorité l'ayant établie			
		Adresse ou domicile	Adresse du siège social				
				Nature Numéro Date de délivrance Autorité l'ayant établie			
		Nom, Prénom et qualité	Raison sociale	Nature Numéro Date de délivrance Autorité l'ayant établie			
		Adresse du domicile	Adresse du siège social				
				Nature Numéro Date de délivrance Autorité l'ayant établie			
		Nom, Prénom et qualité	Raison sociale	Nature Numéro Date de délivrance Autorité l'ayant établie			
		Adresse ou domicile	Adresse du siège social				
				Nature Numéro Date de délivrance Autorité l'ayant établie			
		Nom, Prénom et qualité	Raison sociale	Nature Numéro Date de délivrance Autorité l'ayant établie			
		Adresse du domicile	Adresse du siège social				

Numéro d'ordre	Date de l'achat / dépôt	Apporteur ou vendeur de l'objet	Si personne morale	Références de la pièce d'identité produite	Description des objets acquis ou détenus (caractéristiques apparentes, noms, signatures, n° série, signe distinctif…)	Prix d'achat	Classement ou inscription de l'objet au titre des monuments historiques
		Nom, Prénom et qualité Adresse du domicile	Raison sociale Adresse du siège social	Nature Numéro Date de délivrance Autorité l'ayant établie			
		Nom, Prénom et qualité Adresse du domicile	Raison sociale Adresse du siège social	Nature Numéro Date de délivrance Autorité l'ayant établie			
		Nom, Prénom et qualité Adresse du domicile	Raison sociale Adresse du siège social	Nature Numéro Date de délivrance Autorité l'ayant établie			
		Nom, Prénom et qualité Adresse du domicile	Raison sociale Adresse du siège social	Nature Numéro Date de délivrance Autorité l'ayant établie			
		Nom, Prénom et qualité Adresse du domicile	Raison sociale Adresse du siège social	Nature Numéro Date de délivrance Autorité l'ayant établie			
		Nom, Prénom et qualité Adresse du domicile	Raison sociale Adresse du siège social	Nature Numéro Date de délivrance Autorité l'ayant établie			
		Nom, Prénom et qualité Adresse du domicile	Raison sociale Adresse du siège social	Nature Numéro Date de délivrance Autorité l'ayant établie			
		Nom, Prénom et qualité Adresse du domicile	Raison sociale Adresse du siège social	Nature Numéro Date de délivrance Autorité l'ayant établie			

Numéro d'ordre	Date de l'achat / dépôt	Apporteur ou vendeur de l'objet	Si personne morale	Références de la pièce d'identité produite	Description des objets acquis ou détenus (caractéristiques apparentes, noms, signatures, n° série, signe distinctif…)	Prix d'achat	Classement ou inscription de l'objet au titre des monuments historiques
		Nom, Prénom et qualité	Raison sociale	Nature Numéro Date de délivrance Autorité l'ayant établie			
		Nom, Prénom et qualité	Raison sociale	Nature Numéro Date de délivrance Autorité l'ayant établie			
		Nom, Prénom et qualité	Raison sociale	Nature Numéro Date de délivrance Autorité l'ayant établie			
		Nom, Prénom et qualité	Raison sociale	Nature Numéro Date de délivrance Autorité l'ayant établie			

Numéro d'ordre	Date de l'achat / dépôt	Apporteur ou vendeur de l'objet	Si personne morale	Références de la pièce d'identité produite	Description des objets acquis ou détenus (caractéristiques apparentes, noms, signatures, n° série, signe distinctif…)	Prix d'achat	Classement ou inscription de l'objet au titre des monuments historiques
		Nom, Prénom et qualité Adresse du domicile	Raison sociale Adresse du siège social	Nature Numéro Date de délivrance Autorité l'ayant établie			
		Nom, Prénom et qualité Adresse du domicile	Raison sociale Adresse du siège social	Nature Numéro Date de délivrance Autorité l'ayant établie			
		Nom, Prénom et qualité Adresse du domicile	Raison sociale Adresse du siège social	Nature Numéro Date de délivrance Autorité l'ayant établie			
		Nom, Prénom et qualité Adresse du domicile	Raison sociale Adresse du siège social	Nature Numéro Date de délivrance Autorité l'ayant établie			
		Nom, Prénom et qualité Adresse du domicile	Raison sociale Adresse du siège social	Nature Numéro Date de délivrance Autorité l'ayant établie			
		Nom, Prénom et qualité Adresse du domicile	Raison sociale Adresse du siège social	Nature Numéro Date de délivrance Autorité l'ayant établie			
		Nom, Prénom et qualité Adresse du domicile	Raison sociale Adresse du siège social	Nature Numéro Date de délivrance Autorité l'ayant établie			
		Nom, Prénom et qualité Adresse du domicile	Raison sociale Adresse du siège social	Nature Numéro Date de délivrance Autorité l'ayant établie			

Numéro d'ordre	Date de l'achat / dépôt	Apporteur ou vendeur de l'objet	Si personne morale	Références de la pièce d'identité produite	Description des objets acquis ou détenus (caractéristiques apparentes, noms, signatures, n° série, signe distinctif…)	Prix d'achat	Classement ou inscription de l'objet au titre des monuments historiques
		Nom, Prénom et qualité	Raison sociale	Nature			
				Numéro			
				Date de délivrance			
		Adresse du domicile	Adresse du siège social	Autorité l'ayant établie			
		Nom, Prénom et qualité	Raison sociale	Nature			
				Numéro			
				Date de délivrance			
		Adresse du domicile	Adresse du siège social	Autorité l'ayant établie			
		Nom, Prénom et qualité	Raison sociale	Nature			
				Numéro			
				Date de délivrance			
		Adresse du domicile	Adresse du siège social	Autorité l'ayant établie			
		Nom, Prénom et qualité	Raison sociale	Nature			
				Numéro			
				Date de délivrance			
		Adresse du domicile	Adresse du siège social	Autorité l'ayant établie			

Numéro d'ordre	Date de l'achat / dépôt	Apporteur ou vendeur de l'objet	Si personne morale	Références de la pièce d'identité produite	Description des objets acquis ou détenus (caractéristiques apparentes, noms, signatures, n° série, signe distinctif…)	Prix d'achat	Classement ou inscription de l'objet au titre des monuments historiques
		Nom, Prénom et qualité Adresse du domicile	Raison sociale Adresse du siège social	Nature Numéro Date de délivrance Autorité l'ayant établie			
		Nom, Prénom et qualité Adresse du domicile	Raison sociale Adresse du siège social	Nature Numéro Date de délivrance Autorité l'ayant établie			
		Nom, Prénom et qualité Adresse du domicile	Raison sociale Adresse du siège social	Nature Numéro Date de délivrance Autorité l'ayant établie			
		Nom, Prénom et qualité Adresse du domicile	Raison sociale Adresse du siège social	Nature Numéro Date de délivrance Autorité l'ayant établie			
		Nom, Prénom et qualité Adresse du domicile	Raison sociale Adresse du siège social	Nature Numéro Date de délivrance Autorité l'ayant établie			
		Nom, Prénom et qualité Adresse du domicile	Raison sociale Adresse du siège social	Nature Numéro Date de délivrance Autorité l'ayant établie			
		Nom, Prénom et qualité Adresse du domicile	Raison sociale Adresse du siège social	Nature Numéro Date de délivrance Autorité l'ayant établie			

Numéro d'ordre	Date de l'achat / dépôt	Apporteur ou vendeur de l'objet	Si personne morale	Références de la pièce d'identité produite	Description des objets acquis ou détenus (caractéristiques apparentes, noms, signatures, n° série, signe distinctif…)	Prix d'achat	Classement ou inscription de l'objet au titre des monuments historiques
		Nom, Prénom et qualité	Raison sociale	Nature			
				Numéro			
				Date de délivrance			
		Adresse du domicile	Adresse du siège social	Autorité l'ayant établie			
		Nom, Prénom et qualité	Raison sociale	Nature			
				Numéro			
				Date de délivrance			
		Adresse du domicile	Adresse du siège social	Autorité l'ayant établie			
		Nom, Prénom et qualité	Raison sociale	Nature			
				Numéro			
				Date de délivrance			
		Adresse du domicile	Adresse du siège social	Autorité l'ayant établie			
		Nom, Prénom et qualité	Raison sociale	Nature			
				Numéro			
				Date de délivrance			
		Adresse du domicile	Adresse du siège social	Autorité l'ayant établie			

Numéro d'ordre	Date de l'achat / dépôt	Apporteur ou vendeur de l'objet	Si personne morale	Références de la pièce d'identité produite	Description des objets acquis ou détenus (caractéristiques apparentes, noms, signatures, n° série, signe distinctif…)	Prix d'achat	Classement ou inscription de l'objet au titre des monuments historiques
		Nom, Prénom et qualité Adresse du domicile	Raison sociale Adresse du siège social	Nature Numéro Date de délivrance Autorité l'ayant établie			
		Nom, Prénom et qualité Adresse du domicile	Raison sociale Adresse du siège social	Nature Numéro Date de délivrance Autorité l'ayant établie			
		Nom, Prénom et qualité Adresse du domicile	Raison sociale Adresse du siège social	Nature Numéro Date de délivrance Autorité l'ayant établie			
		Nom, Prénom et qualité Adresse du domicile	Raison sociale Adresse du siège social	Nature Numéro Date de délivrance Autorité l'ayant établie			
		Nom, Prénom et qualité Adresse du domicile	Raison sociale Adresse du siège social	Nature Numéro Date de délivrance Autorité l'ayant établie			
		Nom, Prénom et qualité Adresse du domicile	Raison sociale Adresse du siège social	Nature Numéro Date de délivrance Autorité l'ayant établie			
		Nom, Prénom et qualité Adresse du domicile	Raison sociale Adresse du siège social	Nature Numéro Date de délivrance Autorité l'ayant établie			
		Nom, Prénom et qualité Adresse du domicile	Raison sociale Adresse du siège social	Nature Numéro Date de délivrance Autorité l'ayant établie			

Numéro d'ordre	Date de l'achat / dépôt	Apporteur ou vendeur de l'objet	Si personne morale	Références de la pièce d'identité produite	Description des objets acquis ou détenus (caractéristiques apparentes, noms, signatures, n° série, signe distinctif...)	Prix d'achat	Classement ou inscription de l'objet au titre des monuments historiques
		Nom, Prénom et qualité	Raison sociale	Nature			
				Numéro			
				Date de délivrance			
		Adresse du domicile	Adresse du siège social	Autorité l'ayant établie			
				Nature			
				Numéro			
		Nom, Prénom et qualité	Raison sociale	Nature			
				Numéro			
				Date de délivrance			
		Adresse du domicile	Adresse du siège social	Autorité l'ayant établie			
		Nom, Prénom et qualité	Raison sociale	Nature			
				Numéro			
				Date de délivrance			
		Adresse du domicile	Adresse du siège social	Autorité l'ayant établie			
		Nom, Prénom et qualité	Raison sociale	Nature			
				Numéro			
				Date de délivrance			
		Adresse du domicile	Adresse du siège social	Autorité l'ayant établie			

Numéro d'ordre	Date de l'achat / dépôt	Apporteur ou vendeur de l'objet	Si personne morale	Références de la pièce d'identité produite	Description des objets acquis ou détenus (caractéristiques apparentes, noms, signatures, n° série, signe distinctif…)	Prix d'achat	Classement ou inscription de l'objet au titre des monuments historiques
		Nom, Prénom et qualité Adresse du domicile	Raison sociale Adresse du siège social	Nature Numéro Date de délivrance Autorité l'ayant établie			
		Nom, Prénom et qualité Adresse du domicile	Raison sociale Adresse du siège social	Nature Numéro Date de délivrance Autorité l'ayant établie			
		Nom, Prénom et qualité Adresse du domicile	Raison sociale Adresse du siège social	Nature Numéro Date de délivrance Autorité l'ayant établie			
		Nom, Prénom et qualité Adresse du domicile	Raison sociale Adresse du siège social	Nature Numéro Date de délivrance Autorité l'ayant établie			
		Nom, Prénom et qualité Adresse du domicile	Raison sociale Adresse du siège social	Nature Numéro Date de délivrance Autorité l'ayant établie			
		Nom, Prénom et qualité Adresse du domicile	Raison sociale Adresse du siège social	Nature Numéro Date de délivrance Autorité l'ayant établie			
		Nom, Prénom et qualité Adresse du domicile	Raison sociale Adresse du siège social	Nature Numéro Date de délivrance Autorité l'ayant établie			
		Nom, Prénom et qualité Adresse du domicile	Raison sociale Adresse du siège social	Nature Numéro Date de délivrance Autorité l'ayant établie			

Numéro d'ordre	Date de l'achat / dépôt	Apporteur ou vendeur de l'objet	Si personne morale	Références de la pièce d'identité produite	Description des objets acquis ou détenus (caractéristiques apparentes, noms, signatures, n° série, signe distinctif…)	Prix d'achat	Classement ou inscription de l'objet au titre des monuments historiques
		Nom, Prénom et qualité Adresse du domicile	Raison sociale Adresse du siège social	Nature Numéro Date de délivrance Autorité l'ayant établie			
		Nom, Prénom et qualité Adresse du domicile	Raison sociale Adresse du siège social	Nature Numéro Date de délivrance Autorité l'ayant établie			
		Nom, Prénom et qualité Adresse du domicile	Raison sociale Adresse du siège social	Nature Numéro Date de délivrance Autorité l'ayant établie			
		Nom, Prénom et qualité Adresse du domicile	Raison sociale Adresse du siège social	Nature Numéro Date de délivrance Autorité l'ayant établie			

Numéro d'ordre	Date de l'achat / dépôt	Apporteur ou vendeur de l'objet	Si personne morale	Références de la pièce d'identité produite	Description des objets acquis ou détenus (caractéristiques apparentes, noms, signatures, n° série, signe distinctif…)	Prix d'achat	Classement ou inscription de l'objet au titre des monuments historiques
		Nom, Prénom et qualité Adresse du domicile	Raison sociale Adresse du siège social	Nature Numéro Date de délivrance Autorité l'ayant établi			
		Nom, Prénom et qualité Adresse du domicile	Raison sociale Adresse du siège social	Nature Numéro Date de délivrance Autorité l'ayant établi			
		Nom, Prénom et qualité Adresse du domicile	Raison sociale Adresse du siège social	Nature Numéro Date de délivrance Autorité l'ayant établi			
		Nom, Prénom et qualité Adresse du domicile	Raison sociale Adresse du siège social	Nature Numéro Date de délivrance Autorité l'ayant établi			
		Nom, Prénom et qualité Adresse du domicile	Raison sociale Adresse du siège social	Nature Numéro Date de délivrance Autorité l'ayant établi			
		Nom, Prénom et qualité Adresse du domicile	Raison sociale Adresse du siège social	Nature Numéro Date de délivrance Autorité l'ayant établi			
		Nom, Prénom et qualité Adresse du domicile	Raison sociale Adresse du siège social	Nature Numéro Date de délivrance Autorité l'ayant établi			
		Nom, Prénom et qualité Adresse du domicile	Raison sociale Adresse du siège social	Nature Numéro Date de délivrance Autorité l'ayant établi			

Numéro d'ordre	Date de l'achat / dépôt	Apporteur ou vendeur de l'objet	Si personne morale	Références de la pièce d'identité produite	Description des objets acquis ou détenus (caractéristiques apparentes, noms, signatures, n° série, signe distinctif…)	Prix d'achat	Classement ou inscription de l'objet au titre des monuments historiques
		Nom, Prénom et qualité	Raison sociale	Nature			
				Numéro			
		Adresse du domicile	Adresse du siège social	Date de délivrance			
				Autorité l'ayant établie			
		Nom, Prénom et qualité	Raison sociale	Nature			
				Numéro			
		Adresse du domicile	Adresse du siège social	Date de délivrance			
				Autorité l'ayant établie			
		Nom, Prénom et qualité	Raison sociale	Nature			
				Numéro			
		Adresse du domicile	Adresse du siège social	Date de délivrance			
				Autorité l'ayant établie			
		Nom, Prénom et qualité	Raison sociale	Nature			
				Numéro			
		Adresse du domicile	Adresse du siège social	Date de délivrance			
				Autorité l'ayant établie			

Numéro d'ordre	Date de l'achat / dépôt	Apporteur ou vendeur de l'objet	Si personne morale	Références de la pièce d'identité produite	Description des objets acquis ou détenus (caractéristiques apparentes, noms, signatures, n° série, signe distinctif…)	Prix d'achat	Classement ou inscription de l'objet au titre des monuments historiques
		Nom, Prénom et qualité Adresse du domicile	Raison sociale Adresse du siège social	Nature Numéro Date de délivrance Autorité l'ayant établie			
		Nom, Prénom et qualité Adresse du domicile	Raison sociale Adresse du siège social	Nature Numéro Date de délivrance Autorité l'ayant établie			
		Nom, Prénom et qualité Adresse du domicile	Raison sociale Adresse du siège social	Nature Numéro Date de délivrance Autorité l'ayant établie			
		Nom, Prénom et qualité Adresse du domicile	Raison sociale Adresse du siège social	Nature Numéro Date de délivrance Autorité l'ayant établie			
		Nom, Prénom et qualité Adresse du domicile	Raison sociale Adresse du siège social	Nature Numéro Date de délivrance Autorité l'ayant établie			
		Nom, Prénom et qualité Adresse du domicile	Raison sociale Adresse du siège social	Nature Numéro Date de délivrance Autorité l'ayant établie			
		Nom, Prénom et qualité Adresse du domicile	Raison sociale Adresse du siège social	Nature Numéro Date de délivrance Autorité l'ayant établie			
		Nom, Prénom et qualité Adresse du domicile	Raison sociale Adresse du siège social	Nature Numéro Date de délivrance Autorité l'ayant établie			

Numéro d'ordre	Date de l'achat / dépôt	Apporteur ou vendeur de l'objet	Si personne morale	Références de la pièce d'identité produite	Description des objets acquis ou détenus (caractéristiques apparentes, noms, signatures, n° série, signe distinctif...)	Prix d'achat	Classement ou inscription de l'objet au titre des monuments historiques
		Nom, Prénom et ou cité	Raison sociale	Nature			
				Numéro			
				Date de délivrance			
		Adresse du domicile	Adresse du siège social	Autorité l'ayant établie			
		Nom, Prénom et qualité	Raison sociale	Nature			
				Numéro			
				Date de délivrance			
		Adresse du domicile	Adresse du siège social	Autorité l'ayant établie			
		Nom, Prénom et qualité	Raison sociale	Nature			
				Numéro			
				Date de délivrance			
		Adresse du domicile	Adresse du siège social	Autorité l'ayant établie			
		Nom, Prénom et qualité	Raison sociale	Nature			
				Numéro			
				Date de délivrance			
		Adresse du domicile	Adresse du siège social	Autorité l'ayant établie			

Numéro d'ordre	Date de l'achat / dépôt	Apporteur ou vendeur de l'objet	Si personne morale	Références de la pièce d'identité produite	Description des objets acquis ou détenus (caractéristiques apparentes, noms, signatures, n° série, signe distinctif…)	Prix d'achat	Classement ou inscription de l'objet au titre des monuments historiques
		Nom, Prénom et qualité Adresse du domicile	Raison sociale Adresse du siège social	Nature Numéro Date de délivrance Autorité l'ayant établie			
		Nom, Prénom et qualité Adresse du domicile	Raison sociale Adresse du siège social	Nature Numéro Date de délivrance Autorité l'ayant établie			
		Nom, Prénom et qualité Adresse du domicile	Raison sociale Adresse du siège social	Nature Numéro Date de délivrance Autorité l'ayant établie			
		Nom, Prénom et qualité Adresse du domicile	Raison sociale Adresse du siège social	Nature Numéro Date de délivrance Autorité l'ayant établie			
		Nom, Prénom et qualité Adresse du domicile	Raison sociale Adresse du siège social	Nature Numéro Date de délivrance Autorité l'ayant établie			
		Nom, Prénom et qualité Adresse du domicile	Raison sociale Adresse du siège social	Nature Numéro Date de délivrance Autorité l'ayant établie			
		Nom, Prénom et qualité Adresse du domicile	Raison sociale Adresse du siège social	Nature Numéro Date de délivrance Autorité l'ayant établie			
		Nom, Prénom et qualité Adresse du domicile	Raison sociale Adresse du siège social	Nature Numéro Date de délivrance Autorité l'ayant établie			

Numéro d'ordre	Date de l'achat / dépôt	Apporteur ou vendeur de l'objet	Si personne morale	Références de la pièce d'identité produite	Description des objets acquis ou détenus (caractéristiques apparentes, noms, signatures, n° série, signe distinctif...)	Prix d'achat	Classement ou inscription de l'objet au titre des monuments historiques
		Nom, Prénom et qualité	Raison sociale	Nature			
				Numéro			
				Date de délivrance			
		Adresse du domicile	Adresse du siège social	Autorité l'ayant établie			
				Nature			
				Numéro			
				Date de délivrance			
		Adresse du domicile	Adresse du siège social	Autorité l'ayant établie			
		Nom, Prénom et qualité	Raison sociale	Nature			
				Numéro			
				Date de délivrance			
		Adresse du domicile	Adresse du siège social	Autorité l'ayant établie			
		Nom, Prénom et qualité	Raison sociale	Nature			
				Numéro			
				Date de délivrance			
		Adresse du domicile	Adresse du siège social	Autorité l'ayant établie			
		Nom, Prénom et qualité	Raison sociale	Nature			
				Numéro			
				Date de délivrance			
		Adresse du domicile	Adresse du siège social	Autorité l'ayant établie			

Numéro d'ordre	Date de l'achat / dépôt	Apporteur ou vendeur de l'objet	Si personne morale	Références de la pièce d'identité produite	Description des objets acquis ou détenus (caractéristiques apparentes, noms, signatures, n° série, signe distinctif…)	Prix d'achat	Classement ou inscription de l'objet au titre des monuments historiques
		Nom, Prénom et qualité Adresse du domicile	Raison sociale Adresse du siège social	Nature Numéro Date de délivrance Autorité l'ayant établie			
		Nom, Prénom et qualité Adresse du domicile	Raison sociale Adresse du siège social	Nature Numéro Date de délivrance Autorité l'ayant établie			
		Nom, Prénom et qualité Adresse du domicile	Raison sociale Adresse du siège social	Nature Numéro Date de délivrance Autorité l'ayant établie			
		Nom, Prénom et qualité Adresse du domicile	Raison sociale Adresse du siège social	Nature Numéro Date de délivrance Autorité l'ayant établie			
		Nom, Prénom et qualité Adresse du domicile	Raison sociale Adresse du siège social	Nature Numéro Date de délivrance Autorité l'ayant établie			
		Nom, Prénom et qualité Adresse du domicile	Raison sociale Adresse du siège social	Nature Numéro Date de délivrance Autorité l'ayant établie			
		Nom, Prénom et qualité Adresse du domicile	Raison sociale Adresse du siège social	Nature Numéro Date de délivrance Autorité l'ayant établie			
		Nom, Prénom et qualité Adresse du domicile	Raison sociale Adresse du siège social	Nature Numéro Date de délivrance Autorité l'ayant établie			

Numéro d'ordre	Date de l'achat / dépôt	Apporteur ou vendeur de l'objet	Si personne morale	Références de la pièce d'identité produite	Description des objets acquis ou détenus (caractéristiques apparentes, noms, signatures, n° série, signe distinctif...)	Prix d'achat	Classement ou inscription de l'objet au titre des monuments historiques
		Nom, Prénom et qualité	Raison sociale	Nature			
				Numéro			
		Adresse du domicile	Adresse du siège social	Date de délivrance			
				Autorité l'ayant établie			
		Nom, Prénom et qualité	Raison sociale	Nature			
				Numéro			
		Adresse du domicile	Adresse du siège social	Date de délivrance			
				Autorité l'ayant établie			
		Nom, Prénom et qualité	Raison sociale	Nature			
				Numéro			
		Adresse du domicile	Adresse du siège social	Date de délivrance			
				Autorité l'ayant établie			
		Nom, Prénom et qualité	Raison sociale	Nature			
				Numéro			
		Adresse du domicile	Adresse du siège social	Date de délivrance			
				Autorité l'ayant établie			

Numéro d'ordre	Date de l'achat / dépôt	Apporteur ou vendeur de l'objet	Si personne morale	Références de la pièce d'identité produite	Description des objets acquis ou détenus (caractéristiques apparentes, noms, signatures, n° série, signe distinctif…)	Prix d'achat	Classement ou inscription de l'objet au titre des monuments historiques
		Nom, Prénom et qualité Adresse du domicile	Raison sociale Adresse du siège social	Nature Numéro Date de délivrance Autorité l'ayant établie			
		Nom, Prénom et qualité Adresse du domicile	Raison sociale Adresse du siège social	Nature Numéro Date de délivrance Autorité l'ayant établie			
		Nom, Prénom et qualité Adresse du domicile	Raison sociale Adresse du siège social	Nature Numéro Date de délivrance Autorité l'ayant établie			
		Nom, Prénom et qualité Adresse du domicile	Raison sociale Adresse du siège social	Nature Numéro Date de délivrance Autorité l'ayant établie			
		Nom, Prénom et qualité Adresse du domicile	Raison sociale Adresse du siège social	Nature Numéro Date de délivrance Autorité l'ayant établie			
		Nom, Prénom et qualité Adresse du domicile	Raison sociale Adresse du siège social	Nature Numéro Date de délivrance Autorité l'ayant établie			
		Nom, Prénom et qualité Adresse du domicile	Raison sociale Adresse du siège social	Nature Numéro Date de délivrance Autorité l'ayant établie			

Numéro d'ordre	Date de l'achat / dépôt	Apporteur ou vendeur de l'objet	Si personne morale	Références de la pièce d'identité produite	Description des objets acquis ou détenus (caractéristiques apparentes, noms, signatures, n° série, signe distinctif...)	Prix d'achat	Classement ou inscription de l'objet au titre des monuments historiques
		Nom, Prénom et qualité	Raison sociale	Nature			
				Numéro			
				Date de délivrance			
		Adresse du domicile	Adresse du siège social	Autorité l'ayant établie			
		Nom, Prénom et qualité	Raison sociale	Nature			
				Numéro			
				Date de délivrance			
		Adresse du domicile	Adresse du siège social	Autorité l'ayant établie			
		Nom, Prénom et qualité	Raison sociale	Nature			
				Numéro			
				Date de délivrance			
		Adresse du domicile	Adresse du siège social	Autorité l'ayant établie			
		Nom, Prénom et qualité	Raison sociale	Nature			
				Numéro			
				Date de délivrance			
		Adresse du domicile	Adresse du siège social	Autorité l'ayant établie			

Numéro d'ordre	Date de l'achat / dépôt	Apporteur ou vendeur de l'objet	Si personne morale	Références de la pièce d'identité produite	Description des objets acquis ou détenus (caractéristiques apparentes, noms, signatures, n° série, signe distinctif…)	Prix d'achat	Classement ou inscription de l'objet au titre des monuments historiques
		Nom, Prénom et qualité Adresse du domicile	Raison sociale Adresse du siège social	Nature Numéro Date de délivrance Autorité l'ayant établie			
		Nom, Prénom et qualité Adresse du domicile	Raison sociale Adresse du siège social	Nature Numéro Date de délivrance Autorité l'ayant établie			
		Nom, Prénom et qualité Adresse du domicile	Raison sociale Adresse du siège social	Nature Numéro Date de délivrance Autorité l'ayant établie			
		Nom, Prénom et qualité Adresse du domicile	Raison sociale Adresse du siège social	Nature Numéro Date de délivrance Autorité l'ayant établie			
		Nom, Prénom et qualité Adresse du domicile	Raison sociale Adresse du siège social	Nature Numéro Date de délivrance Autorité l'ayant établie			
		Nom, Prénom et qualité Adresse du domicile	Raison sociale Adresse du siège social	Nature Numéro Date de délivrance Autorité l'ayant établie			
		Nom, Prénom et qualité Adresse du domicile	Raison sociale Adresse du siège social	Nature Numéro Date de délivrance Autorité l'ayant établie			
		Nom, Prénom et qualité Adresse du domicile	Raison sociale Adresse du siège social	Nature Numéro Date de délivrance Autorité l'ayant établie			

Numéro d'ordre	Date de l'achat / dépôt	Apporteur ou vendeur de l'objet	Si personne morale	Références de la pièce d'identité produite	Description des objets acquis ou détenus (caractéristiques apparentes, noms, signatures, n° série, signe distinctif…)	Prix d'achat	Classement ou inscription de l'objet au titre des monuments historiques
		Nom, Prénom et qualité	Raison sociale	Nature			
				Numéro			
				Date de délivrance			
		Adresse du domicile	Adresse du siège social	Autorité l'ayant établie			
				Nature			
				Numéro			
				Date de délivrance			
				Autorité l'ayant établie			
		Nom, Prénom et qualité	Raison sociale	Nature			
				Numéro			
				Date de délivrance			
		Adresse du domicile	Adresse du siège social	Autorité l'ayant établie			
				Nature			
				Numéro			
				Date de délivrance			
				Autorité l'ayant établie			
		Nom, Prénom et qualité	Raison sociale	Nature			
				Numéro			
				Date de délivrance			
		Adresse du domicile	Adresse du siège social	Autorité l'ayant établie			
				Nature			
				Numéro			
				Date de délivrance			
				Autorité l'ayant établie			
		Nom, Prénom et qualité	Raison sociale	Nature			
				Numéro			
				Date de délivrance			
		Adresse du domicile	Adresse du siège social	Autorité l'ayant établie			

Numéro d'ordre	Date de l'achat / dépôt	Apporteur ou vendeur de l'objet	Si personne morale	Références de la pièce d'identité produite	Description des objets acquis ou détenus (caractéristiques apparentes, noms, signatures, n° série, signe distinctif…)	Prix d'achat	Classement ou inscription de l'objet au titre des monuments historiques
		Nom, Prénom et qualité / Adresse du domicile	Raison sociale / Adresse du siège social	Nature / Numéro / Date de délivrance / Autorité l'ayant établie			
		Nom, Prénom et qualité / Adresse du domicile	Raison sociale / Adresse du siège social	Nature / Numéro / Date de délivrance / Autorité l'ayant établie			
		Nom, Prénom et qualité / Adresse du domicile	Raison sociale / Adresse du siège social	Nature / Numéro / Date de délivrance / Autorité l'ayant établie			
		Nom, Prénom et qualité / Adresse du domicile	Raison sociale / Adresse du siège social	Nature / Numéro / Date de délivrance / Autorité l'ayant établie			
		Nom, Prénom et qualité / Adresse du domicile	Raison sociale / Adresse du siège social	Nature / Numéro / Date de délivrance / Autorité l'ayant établie			
		Nom, Prénom et qualité / Adresse du domicile	Raison sociale / Adresse du siège social	Nature / Numéro / Date de délivrance / Autorité l'ayant établie			
		Nom, Prénom et qualité / Adresse du domicile	Raison sociale / Adresse du siège social	Nature / Numéro / Date de délivrance / Autorité l'ayant établie			
		Nom, Prénom et qualité / Adresse du domicile	Raison sociale / Adresse du siège social	Nature / Numéro / Date de délivrance / Autorité l'ayant établie			

Numéro d'ordre	Date de l'achat / dépôt	Apporteur ou vendeur de l'objet	Si personne morale	Références de la pièce d'identité produite	Description des objets acquis ou détenus (caractéristiques apparentes, noms, signatures, n° série, signe distinctif...)	Prix d'achat	Classement ou inscription de l'objet au titre des monuments historiques
		Nom, prénom et qualité	Raison sociale	Nature			
				Numéro			
				Date de délivrance			
		Adresse du domicile	Adresse du siège social	Autorité l'ayant établie			
				Nature			
				Numéro			
				Date de délivrance			
		Nom, prénom et qualité	Raison sociale	Autorité l'ayant établie			
		Adresse du domicile	Adresse du siège social				
				Nature			
		Nom, prénom et qualité	Raison sociale	Numéro			
				Date de délivrance			
		Adresse du domicile	Adresse du siège social	Autorité l'ayant établie			
				Nature			
		Nom, prénom et qualité	Raison sociale	Numéro			
				Date de délivrance			
		Adresse du domicile	Adresse du siège social	Autorité l'ayant établie			

Numéro d'ordre	Date de l'achat / dépôt	Apporteur ou vendeur de l'objet	Si personne morale	Références de la pièce d'identité produite	Description des objets acquis ou détenus (caractéristiques apparentes, noms, signatures, n° série, signe distinctif…)	Prix d'achat	Classement ou inscription de l'objet au titre des monuments historiques
		Nom, Prénom et qualité Adresse du domicile	Raison sociale Adresse du siège social	Nature Numéro Date de délivrance Autorité l'ayant établie			
		Nom, Prénom et qualité Adresse du domicile	Raison sociale Adresse du siège social	Nature Numéro Date de délivrance Autorité l'ayant établie			
		Nom, Prénom et qualité Adresse du domicile	Raison sociale Adresse du siège social	Nature Numéro Date de délivrance Autorité l'ayant établie			
		Nom, Prénom et qualité Adresse du domicile	Raison sociale Adresse du siège social	Nature Numéro Date de délivrance Autorité l'ayant établie			
		Nom, Prénom et qualité Adresse du domicile	Raison sociale Adresse du siège social	Nature Numéro Date de délivrance Autorité l'ayant établie			
		Nom, Prénom et qualité Adresse du domicile	Raison sociale Adresse du siège social	Nature Numéro Date de délivrance Autorité l'ayant établie			
		Nom, Prénom et qualité Adresse du domicile	Raison sociale Adresse du siège social	Nature Numéro Date de délivrance Autorité l'ayant établie			
		Nom, Prénom et qualité Adresse du domicile	Raison sociale Adresse du siège social	Nature Numéro Date de délivrance Autorité l'ayant établie			

Numéro d'ordre	Date de l'achat / dépôt	Apporteur ou vendeur de l'objet	Si personne morale	Références de la pièce d'identité produite	Description des objets acquis ou détenus (caractéristiques apparentes, noms, signatures, n° série, signe distinctif...)	Prix d'achat	Classement ou inscription de l'objet au titre des monuments historiques
		Nom, Prénom et qualité	Raison sociale	Nature			
				Numéro			
				Date de délivrance			
		Adresse du domicile	Adresse du siège social	Autorité l'ayant établie			
		Nom, Prénom et qualité	Raison sociale	Nature			
				Numéro			
				Date de délivrance			
		Adresse du domicile	Adresse du siège social	Autorité l'ayant établie			
		Nom, Prénom et qualité	Raison sociale	Nature			
				Numéro			
				Date de délivrance			
		Adresse du domicile	Adresse du siège social	Autorité l'ayant établie			
		Nom, Prénom et qualité	Raison sociale	Nature			
				Numéro			
				Date de délivrance			
		Adresse du domicile	Adresse du siège social	Autorité l'ayant établie			

Numéro d'ordre	Date de l'achat / dépôt	Apporteur ou vendeur de l'objet	Si personne morale	Références de la pièce d'identité produite	Description des objets acquis ou détenus (caractéristiques apparentes, noms, signatures, n° série, signe distinctif…)	Prix d'achat	Classement ou inscription de l'objet au titre des monuments historiques
		Nom, Prénom et qualité Adresse du domicile	Raison sociale Adresse du siège social	Nature Numéro Date de délivrance Autorité l'ayant établie			
		Nom, Prénom et qualité Adresse du domicile	Raison sociale Adresse du siège social	Nature Numéro Date de délivrance Autorité l'ayant établie			
		Nom, Prénom et qualité Adresse du domicile	Raison sociale Adresse du siège social	Nature Numéro Date de délivrance Autorité l'ayant établie			
		Nom, Prénom et qualité Adresse du domicile	Raison sociale Adresse du siège social	Nature Numéro Date de délivrance Autorité l'ayant établie			
		Nom, Prénom et qualité Adresse du domicile	Raison sociale Adresse du siège social	Nature Numéro Date de délivrance Autorité l'ayant établie			
		Nom, Prénom et qualité Adresse du domicile	Raison sociale Adresse du siège social	Nature Numéro Date de délivrance Autorité l'ayant établie			
		Nom, Prénom et qualité Adresse du domicile	Raison sociale Adresse du siège social	Nature Numéro Date de délivrance Autorité l'ayant établie			
		Nom, Prénom et qualité Adresse du domicile	Raison sociale Adresse du siège social	Nature Numéro Date de délivrance Autorité l'ayant établie			

Numéro d'ordre	Date de l'achat / dépôt	Apporteur ou vendeur de l'objet	Si personne morale	Références de la pièce d'identité produite	Description des objets acquis ou détenus (caractéristiques apparentes, noms, signatures, n° série, signe distinctif…)	Prix d'achat	Classement ou inscription de l'objet au titre des monuments historiques
		Nom, Prénom et qualité	Raison sociale	Nature			
				Numéro			
				Date de délivrance			
		Adresse du domicile	Adresse du siège social	Autorité l'ayant établie			
		Nom, Prénom et qualité	Raison sociale	Nature			
				Numéro			
				Date de délivrance			
		Adresse du domicile	Adresse du siège social	Autorité l'ayant établie			
		Nom, Prénom et qualité	Raison sociale	Nature			
				Numéro			
				Date de délivrance			
		Adresse du domicile	Adresse du siège social	Autorité l'ayant établie			
		Nom, Prénom et qualité	Raison sociale	Nature			
				Numéro			
				Date de délivrance			
		Adresse du domicile	Adresse du siège social	Autorité l'ayant établie			

Numéro d'ordre	Date de l'achat / dépôt	Apporteur ou vendeur de l'objet	Si personne morale	Références de la pièce d'identité produite	Description des objets acquis ou détenus (caractéristiques apparentes, noms, signatures, n° série, signe distinctif…)	Prix d'achat	Classement ou inscription de l'objet au titre des monuments historiques
		Nom, Prénom et qualité Adresse du domicile	Raison sociale Adresse du siège social	Nature Numéro Date de délivrance Autorité l'ayant établie			
		Nom, Prénom et qualité Adresse du domicile	Raison sociale Adresse du siège social	Nature Numéro Date de délivrance Autorité l'ayant établie			
		Nom, Prénom et qualité Adresse du domicile	Raison sociale Adresse du siège social	Nature Numéro Date de délivrance Autorité l'ayant établie			
		Nom, Prénom et qualité Adresse du domicile	Raison sociale Adresse du siège social	Nature Numéro Date de délivrance Autorité l'ayant établie			
		Nom, Prénom et qualité Adresse du domicile	Raison sociale Adresse du siège social	Nature Numéro Date de délivrance Autorité l'ayant établie			
		Nom, Prénom et qualité Adresse du domicile	Raison sociale Adresse du siège social	Nature Numéro Date de délivrance Autorité l'ayant établie			
		Nom, Prénom et qualité Adresse du domicile	Raison sociale Adresse du siège social	Nature Numéro Date de délivrance Autorité l'ayant établie			
		Nom, Prénom et qualité Adresse du domicile	Raison sociale Adresse du siège social	Nature Numéro Date de délivrance Autorité l'ayant établie			

Numéro d'ordre	Date de l'achat / dépôt	Apporteur ou vendeur de l'objet	Si personne morale	Références de la pièce d'identité produite	Description des objets acquis ou détenus (caractéristiques apparentes, noms, signatures, n° série, signe distinctif…)	Prix d'achat	Classement ou inscription de l'objet au titre des monuments historiques
		Nom, Prénom et qualité	Raison sociale	Nature			
				Numéro			
				Date de délivrance			
		Adresse du domicile	Adresse du siège social	Autorité l'ayant établie			
		Nom, Prénom et qualité	Raison sociale	Nature			
				Numéro			
				Date de délivrance			
		Adresse du domicile	Adresse du siège social	Autorité l'ayant établie			
		Nom, Prénom et qualité	Raison sociale	Nature			
				Numéro			
				Date de délivrance			
		Adresse du domicile	Adresse du siège social	Autorité l'ayant établie			
		Nom, Prénom et qualité	Raison sociale	Nature			
				Numéro			
				Date de délivrance			
		Adresse du domicile	Adresse du siège social	Autorité l'ayant établie			

Numéro d'ordre	Date de l'achat / dépôt	Apporteur ou vendeur de l'objet	Si personne morale	Références de la pièce d'identité produite	Description des objets acquis ou détenus (caractéristiques apparentes, noms, signatures, n° série, signe distinctif…)	Prix d'achat	Classement ou inscription de l'objet au titre des monuments historiques
		Nom, Prénom et qualité Adresse du domicile	Raison sociale Adresse du siège social	Nature Numéro Date de délivrance Autorité l'ayant établie			
		Nom, Prénom et qualité Adresse du domicile	Raison sociale Adresse du siège social	Nature Numéro Date de délivrance Autorité l'ayant établie			
		Nom, Prénom et qualité Adresse du domicile	Raison sociale Adresse du siège social	Nature Numéro Date de délivrance Autorité l'ayant établie			
		Nom, Prénom et qualité Adresse du domicile	Raison sociale Adresse du siège social	Nature Numéro Date de délivrance Autorité l'ayant établie			
		Nom, Prénom et qualité Adresse du domicile	Raison sociale Adresse du siège social	Nature Numéro Date de délivrance Autorité l'ayant établie			
		Nom, Prénom et qualité Adresse du domicile	Raison sociale Adresse du siège social	Nature Numéro Date de délivrance Autorité l'ayant établie			
		Nom, Prénom et qualité Adresse du domicile	Raison sociale Adresse du siège social	Nature Numéro Date de délivrance Autorité l'ayant établie			
		Nom, Prénom et qualité Adresse du domicile	Raison sociale Adresse du siège social	Nature Numéro Date de délivrance Autorité l'ayant établie			

Numéro d'ordre	Date de l'achat / dépôt	Apporteur ou vendeur de l'objet	Si personne morale	Références de la pièce d'identité produite	Description des objets acquis ou détenus (caractéristiques apparentes, noms, signatures, n° série, signe distinctif…)	Prix d'achat	Classement ou inscription de l'objet au titre des monuments historiques
		Nom, Prénom et qualité	R.C.S ou société	Nature Numéro Date de délivrance Autorité l'ayant établie			
				Numéro Date de délivrance Autorité l'ayant établie			
		Nom, Prénom et qualité	Raison sociale Adresse du siège social	Nature Numéro Date de délivrance Autorité l'ayant établie			
		Nom, Prénom et qualité	Raison sociale Adresse du siège social	Nature Numéro Date de délivrance Autorité l'ayant établie			
		Nom, Prénom et qualité	Raison sociale Adresse du siège social	Nature Numéro Date de délivrance Autorité l'ayant établie			

Numéro d'ordre	Date de l'achat / dépôt	Apporteur ou vendeur de l'objet	Si personne morale	Références de la pièce d'identité produite	Description des objets acquis ou détenus (caractéristiques apparentes, noms, signatures, n° série, signe distinctif…)	Prix d'achat	Classement ou inscription de l'objet au titre des monuments historiques
		Nom, Prénom et qualité Adresse du domicile	Raison sociale Adresse du siège social	Nature Numéro Date de délivrance Autorité l'ayant établie			
		Nom, Prénom et qualité Adresse du domicile	Raison sociale Adresse du siège social	Nature Numéro Date de délivrance Autorité l'ayant établie			
		Nom, Prénom et qualité Adresse du domicile	Raison sociale Adresse du siège social	Nature Numéro Date de délivrance Autorité l'ayant établie			
		Nom, Prénom et qualité Adresse du domicile	Raison sociale Adresse du siège social	Nature Numéro Date de délivrance Autorité l'ayant établie			
		Nom, Prénom et qualité Adresse du domicile	Raison sociale Adresse du siège social	Nature Numéro Date de délivrance Autorité l'ayant établie			
		Nom, Prénom et qualité Adresse du domicile	Raison sociale Adresse du siège social	Nature Numéro Date de délivrance Autorité l'ayant établie			
		Nom, Prénom et qualité Adresse du domicile	Raison sociale Adresse du siège social	Nature Numéro Date de délivrance Autorité l'ayant établie			
		Nom, Prénom et qualité Adresse du domicile	Raison sociale Adresse du siège social	Nature Numéro Date de délivrance Autorité l'ayant établie			

Numéro d'ordre	Date de l'achat / dépôt	Apporteur ou vendeur de l'objet	Si personne morale	Références de la pièce d'identité produite	Description des objets acquis ou détenus (caractéristiques apparentes, noms, signatures, n° série, signe distinctif...)	Prix d'achat	Classement ou inscription de l'objet au titre des monuments historiques
		Nom, Prénom et qualité	Raison sociale	Nature Numéro Date de délivrance Autorité l'ayant établie			
		Adresse du domicile	Adresse du siège social				
		Nom, Prénom et qualité	Raison sociale	Nature Numéro Date de délivrance Autorité l'ayant établie			
		Adresse du domicile	Adresse du siège social				
		Nom, Prénom et qualité	Raison sociale	Nature Numéro Date de délivrance Autorité l'ayant établie			
		Adresse du domicile	Adresse du siège social				
		Nom, Prénom et qualité	Raison sociale	Nature Numéro Date de délivrance Autorité l'ayant établie			
		Adresse du domicile	Adresse du siège social				

Numéro d'ordre	Date de l'achat / dépôt	Apporteur ou vendeur de l'objet	Si personne morale	Références de la pièce d'identité produite	Description des objets acquis ou détenus (caractéristiques apparentes, noms, signatures, n° série, signe distinctif…)	Prix d'achat	Classement ou inscription de l'objet au titre des monuments historiques
		Nom, Prénom et qualité Adresse du domicile	Raison sociale Adresse du siège social	Nature Numéro Date de délivrance Autorité l'ayant établie			
		Nom, Prénom et qualité Adresse du domicile	Raison sociale Adresse du siège social	Nature Numéro Date de délivrance Autorité l'ayant établie			
		Nom, Prénom et qualité Adresse du domicile	Raison sociale Adresse du siège social	Nature Numéro Date de délivrance Autorité l'ayant établie			
		Nom, Prénom et qualité Adresse du domicile	Raison sociale Adresse du siège social	Nature Numéro Date de délivrance Autorité l'ayant établie			
		Nom, Prénom et qualité Adresse du domicile	Raison sociale Adresse du siège social	Nature Numéro Date de délivrance Autorité l'ayant établie			
		Nom, Prénom et qualité Adresse du domicile	Raison sociale Adresse du siège social	Nature Numéro Date de délivrance Autorité l'ayant établie			
		Nom, Prénom et qualité Adresse du domicile	Raison sociale Adresse du siège social	Nature Numéro Date de délivrance Autorité l'ayant établie			
		Nom, Prénom et qualité Adresse du domicile	Raison sociale Adresse du siège social	Nature Numéro Date de délivrance Autorité l'ayant établie			

Numéro d'ordre	Date de l'achat / dépôt	Apporteur ou vendeur de l'objet	Si personne morale	Références de la pièce d'identité produite	Description des objets acquis ou détenus (caractéristiques apparentes, noms, signatures, n° série, signe distinctif…)	Prix d'achat	Classement ou inscription de l'objet au titre des monuments historiques
		Nom, prénom et qualité	Raison sociale	Nature			
				Numéro			
		Adresse du domicile	Adresse du siège social	Date de délivrance			
				Autorité l'ayant établie			
		Nom, prénom et qualité	Raison sociale	Nature			
				Numéro			
		Adresse du domicile	Adresse du siège social	Date de délivrance			
				Autorité l'ayant établie			
		Nom, prénom et qualité	Raison sociale	Nature			
				Numéro			
		Adresse du domicile	Adresse du siège social	Date de délivrance			
				Autorité l'ayant établie			
		Nom, prénom et qualité	Raison sociale	Nature			
				Numéro			
		Adresse du domicile	Adresse du siège social	Date de délivrance			
				Autorité l'ayant établie			

Numéro d'ordre	Date de l'achat / dépôt	Apporteur ou vendeur de l'objet	Si personne morale	Références de la pièce d'identité produite	Description des objets acquis ou détenus (caractéristiques apparentes, noms, signatures, n° série, signe distinctif...)	Prix d'achat	Classement ou inscription de l'objet au titre des monuments historiques
		Nom, Prénom et qualité Adresse du domicile	Raison sociale Adresse du siège social	Nature Numéro Date de délivrance Autorité l'ayant établie			
		Nom, Prénom et qualité Adresse du domicile	Raison sociale Adresse du siège social	Nature Numéro Date de délivrance Autorité l'ayant établie			
		Nom, Prénom et qualité Adresse du domicile	Raison sociale Adresse du siège social	Nature Numéro Date de délivrance Autorité l'ayant établie			
		Nom, Prénom et qualité Adresse du domicile	Raison sociale Adresse du siège social	Nature Numéro Date de délivrance Autorité l'ayant établie			
		Nom, Prénom et qualité Adresse du domicile	Raison sociale Adresse du siège social	Nature Numéro Date de délivrance Autorité l'ayant établie			
		Nom, Prénom et qualité Adresse du domicile	Raison sociale Adresse du siège social	Nature Numéro Date de délivrance Autorité l'ayant établie			
		Nom, Prénom et qualité Adresse du domicile	Raison sociale Adresse du siège social	Nature Numéro Date de délivrance Autorité l'ayant établie			
		Nom, Prénom et qualité Adresse du domicile	Raison sociale Adresse du siège social	Nature Numéro Date de délivrance Autorité l'ayant établie			

Numéro d'ordre	Date de l'achat / dépôt	Apporteur ou vendeur de l'objet	Si personne morale	Références de la pièce d'identité produite	Description des objets acquis ou détenus (caractéristiques apparentes, noms, signatures, n° série, signe distinctif...)	Prix d'achat	Classement ou inscription de l'objet au titre des monuments historiques
		Nom, prénom et qualité	Raison sociale	Nature Numéro Date de délivrance Autorité l'ayant établie			
		Nom, prénom et qualité	Raison sociale Adresse du siège social	Nature Numéro Date de délivrance Autorité l'ayant établie			
		Nom, prénom et qualité	Raison sociale Adresse du siège social	Nature Numéro Date de délivrance Autorité l'ayant établie			
		Nom, Prénom et qualité	Raison sociale Adresse du siège social	Nature Numéro Date de délivrance Autorité l'ayant établie			

Numéro d'ordre	Date de l'achat / dépôt	Apporteur ou vendeur de l'objet	Si personne morale	Références de la pièce d'identité produite	Description des objets acquis ou détenus (caractéristiques apparentes, noms, signatures, n° série, signe distinctif…)	Prix d'achat	Classement ou inscription de l'objet au titre des monuments historiques
		Nom, Prénom et qualité Adresse du domicile	Raison sociale Adresse du siège social	Nature Numéro Date de délivrance Autorité l'ayant établie			
		Nom, Prénom et qualité Adresse du domicile	Raison sociale Adresse du siège social	Nature Numéro Date de délivrance Autorité l'ayant établie			
		Nom, Prénom et qualité Adresse du domicile	Raison sociale Adresse du siège social	Nature Numéro Date de délivrance Autorité l'ayant établie			
		Nom, Prénom et qualité Adresse du domicile	Raison sociale Adresse du siège social	Nature Numéro Date de délivrance Autorité l'ayant établie			
		Nom, Prénom et qualité Adresse du domicile	Raison sociale Adresse du siège social	Nature Numéro Date de délivrance Autorité l'ayant établie			
		Nom, Prénom et qualité Adresse du domicile	Raison sociale Adresse du siège social	Nature Numéro Date de délivrance Autorité l'ayant établie			
		Nom, Prénom et qualité Adresse du domicile	Raison sociale Adresse du siège social	Nature Numéro Date de délivrance Autorité l'ayant établie			
		Nom, Prénom et qualité Adresse du domicile	Raison sociale Adresse du siège social	Nature Numéro Date de délivrance Autorité l'ayant établie			

Numéro d'ordre	Date de l'achat / dépôt	Apporteur ou vendeur de l'objet	Si personne morale	Références de la pièce d'identité produite	Description des objets acquis ou détenus (caractéristiques apparentes, noms, signatures, n° série, signe distinctif…)	Prix d'achat	Classement ou inscription de l'objet au titre des monuments historiques
		Nom, Prénom et qualité Adresse du domicile	Raison sociale Adresse du siège social	Nature Numéro Date de délivrance Autorité l'ayant établie			
		Nom, Prénom et qualité Adresse du domicile	Raison sociale Adresse du siège social	Nature Numéro Date de délivrance Autorité l'ayant établie			
		Nom, Prénom et qualité Adresse du domicile	Raison sociale Adresse du siège social	Nature Numéro Date de délivrance Autorité l'ayant établie			
		Nom, Prénom et qualité Adresse du domicile	Raison sociale Adresse du siège social	Nature Numéro Date de délivrance Autorité l'ayant établie			

Numéro d'ordre	Date de l'achat / dépôt	Apporteur ou vendeur de l'objet	Si personne morale	Références de la pièce d'identité produite	Description des objets acquis ou détenus (caractéristiques apparentes, noms, signatures, n° série, signe distinctif…)	Prix d'achat	Classement ou inscription de l'objet au titre des monuments historiques
		Nom, Prénom et qualité / Adresse du domicile	Raison sociale / Adresse du siège social	Nature / Numéro / Date de délivrance / Autorité l'ayant établie			
		Nom, Prénom et qualité / Adresse du domicile	Raison sociale / Adresse du siège social	Nature / Numéro / Date de délivrance / Autorité l'ayant établie			
		Nom, Prénom et qualité / Adresse du domicile	Raison sociale / Adresse du siège social	Nature / Numéro / Date de délivrance / Autorité l'ayant établie			
		Nom, Prénom et qualité / Adresse du domicile	Raison sociale / Adresse du siège social	Nature / Numéro / Date de délivrance / Autorité l'ayant établie			
		Nom, Prénom et qualité / Adresse du domicile	Raison sociale / Adresse du siège social	Nature / Numéro / Date de délivrance / Autorité l'ayant établie			
		Nom, Prénom et qualité / Adresse du domicile	Raison sociale / Adresse du siège social	Nature / Numéro / Date de délivrance / Autorité l'ayant établie			
		Nom, Prénom et qualité / Adresse du domicile	Raison sociale / Adresse du siège social	Nature / Numéro / Date de délivrance / Autorité l'ayant établie			

Numéro d'ordre	Date de l'achat / dépôt	Apporteur ou vendeur de l'objet	Si personne morale	Références de la pièce d'identité produite	Description des objets acquis ou détenus (caractéristiques apparentes, noms, signatures, n° série, signe distinctif...)	Prix d'achat	Classement ou inscription de l'objet au titre des monuments historiques
		Nom, Prénom et qualité	Raison sociale	Nature Numéro Date de délivrance Autorité l'ayant établie			
		Nom, Prénom et qualité	Raison sociale	Nature Numéro Date de délivrance Autorité l'ayant établie			
		Adresse du domicile	Adresse du siège social				
		Nom, Prénom et qualité	Raison sociale	Nature Numéro Date de délivrance Autorité l'ayant établie			
		Adresse du domicile	Adresse du siège social				
		Nom, Prénom et qualité	Raison sociale	Nature Numéro Date de délivrance Autorité l'ayant établie			
		Adresse du domicile	Adresse du siège social				

Numéro d'ordre	Date de l'achat / dépôt	Apporteur ou vendeur de l'objet	Si personne morale	Références de la pièce d'identité produite	Description des objets acquis ou détenus (caractéristiques apparentes, noms, signatures, n° série, signe distinctif...)	Prix d'achat	Classement ou inscription de l'objet au titre des monuments historiques
		Nom, Prénom et qualité	Raison sociale	Nature			
				Numéro			
				Date de délivrance			
		Adresse du domicile	Adresse du siège social	Autorité l'ayant établie			
		Nom, Prénom et qualité	Raison sociale	Nature			
				Numéro			
				Date de délivrance			
		Adresse du domicile	Adresse du siège social	Autorité l'ayant établie			
		Nom, Prénom et qualité	Raison sociale	Nature			
				Numéro			
				Date de délivrance			
		Adresse du domicile	Adresse du siège social	Autorité l'ayant établie			
		Nom, Prénom et qualité	Raison sociale	Nature			
				Numéro			
				Date de délivrance			
		Adresse du domicile	Adresse du siège social	Autorité l'ayant établie			
		Nom, Prénom et qualité	Raison sociale	Nature			
				Numéro			
				Date de délivrance			
		Adresse du domicile	Adresse du siège social	Autorité l'ayant établie			
		Nom, Prénom et qualité	Raison sociale	Nature			
				Numéro			
				Date de délivrance			
		Adresse du domicile	Adresse du siège social	Autorité l'ayant établie			
		Nom, Prénom et qualité	Raison sociale	Nature			
				Numéro			
				Date de délivrance			
		Adresse du domicile	Adresse du siège social	Autorité l'ayant établie			

Numéro d'ordre	Date de l'achat / dépôt	Apporteur ou vendeur de l'objet	Si personne morale	Références de la pièce d'identité produite	Description des objets acquis ou détenus (caractéristiques apparentes, noms, signatures, n° série, signe distinctif...)	Prix d'achat	Classement ou inscription de l'objet au titre des monuments historiques
		Nom, prénom et qualité	Raison sociale	Nature			
				Numéro			
				Date de délivrance			
		Adresse du domicile	Adresse du siège social	Autorité l'ayant établie			
		Nom, prénom et qualité	Raison sociale	Nature			
				Numéro			
				Date de délivrance			
		Adresse du domicile	Adresse du siège social	Autorité l'ayant établie			
		Nom, prénom et qualité	Raison sociale	Nature			
				Numéro			
				Date de délivrance			
		Adresse du domicile	Adresse du siège social	Autorité l'ayant établie			
		Nom, prénom et qualité	Raison sociale	Nature			
				Numéro			
				Date de délivrance			
		Adresse du domicile	Adresse du siège social	Autorité l'ayant établie			

Numéro d'ordre	Date de l'achat / dépôt	Apporteur ou vendeur de l'objet	Si personne morale	Références de la pièce d'identité produite	Description des objets acquis ou détenus (caractéristiques apparentes, noms, signatures, n° série, signe distinctif…)	Prix d'achat	Classement ou inscription de l'objet au titre des monuments historiques
		Nom, Prénom et qualité Adresse du domicile	Raison sociale Adresse du siège social	Nature Numéro Date de délivrance Autorité l'ayant établie			
		Nom, Prénom et qualité Adresse du domicile	Raison sociale Adresse du siège social	Nature Numéro Date de délivrance Autorité l'ayant établie			
		Nom, Prénom et qualité Adresse du domicile	Raison sociale Adresse du siège social	Nature Numéro Date de délivrance Autorité l'ayant établie			
		Nom, Prénom et qualité Adresse du domicile	Raison sociale Adresse du siège social	Nature Numéro Date de délivrance Autorité l'ayant établie			
		Nom, Prénom et qualité Adresse du domicile	Raison sociale Adresse du siège social	Nature Numéro Date de délivrance Autorité l'ayant établie			
		Nom, Prénom et qualité Adresse du domicile	Raison sociale Adresse du siège social	Nature Numéro Date de délivrance Autorité l'ayant établie			
		Nom, Prénom et qualité Adresse du domicile	Raison sociale Adresse du siège social	Nature Numéro Date de délivrance Autorité l'ayant établie			
		Nom, Prénom et qualité Adresse du domicile	Raison sociale Adresse du siège social	Nature Numéro Date de délivrance Autorité l'ayant établie			

Numéro d'ordre	Date de l'achat / dépôt	Apporteur ou vendeur de l'objet	Si personne morale	Références de la pièce d'identité produite	Description des objets acquis ou détenus (caractéristiques apparentes, noms, signatures, n° série, signe distinctif…)	Prix d'achat	Classement ou inscription de l'objet au titre des monuments historiques
		Nom, Prénom et qualité	Raison sociale	Nature			
				Numéro			
		Adresse du domicile	Adresse du siège social	Date de délivrance			
				Autorité l'ayant établie			
		Nom, Prénom et qualité	Raison sociale	Nature			
				Numéro			
		Adresse du domicile	Adresse du siège social	Date de délivrance			
				Autorité l'ayant établie			
		Nom, Prénom et qualité	Raison sociale	Nature			
				Numéro			
		Adresse du domicile	Adresse du siège social	Date de délivrance			
				Autorité l'ayant établie			
		Nom, Prénom et qualité	Raison sociale	Nature			
				Numéro			
		Adresse du domicile	Adresse du siège social	Date de délivrance			
				Autorité l'ayant établie			

Numéro d'ordre	Date de l'achat / dépôt	Apporteur ou vendeur de l'objet	Si personne morale	Références de la pièce d'identité produite	Description des objets acquis ou détenus (caractéristiques apparentes, noms, signatures, n° série, signe distinctif…)	Prix d'achat	Classement ou inscription de l'objet au titre des monuments historiques
		Nom, Prénom et qualité	Raison sociale	Nature			
				Numéro			
				Date de délivrance			
		Adresse du domicile	Adresse du siège social	Autorité l'ayant établie			
		Nom, Prénom et qualité	Raison sociale	Nature			
				Numéro			
				Date de délivrance			
		Adresse du domicile	Adresse du siège social	Autorité l'ayant établie			
		Nom, Prénom et qualité	Raison sociale	Nature			
				Numéro			
				Date de délivrance			
		Adresse du domicile	Adresse du siège social	Autorité l'ayant établie			
		Nom, Prénom et qualité	Raison sociale	Nature			
				Numéro			
				Date de délivrance			
		Adresse du domicile	Adresse du siège social	Autorité l'ayant établie			
		Nom, Prénom et qualité	Raison sociale	Nature			
				Numéro			
				Date de délivrance			
		Adresse du domicile	Adresse du siège social	Autorité l'ayant établie			
		Nom, Prénom et qualité	Raison sociale	Nature			
				Numéro			
				Date de délivrance			
		Adresse du domicile	Adresse du siège social	Autorité l'ayant établie			
		Nom, Prénom et qualité	Raison sociale	Nature			
				Numéro			
				Date de délivrance			
		Adresse du domicile	Adresse du siège social	Autorité l'ayant établie			
		Nom, Prénom et qualité	Raison sociale	Nature			
				Numéro			
				Date de délivrance			
		Adresse du domicile	Adresse du siège social	Autorité l'ayant établie			

Numéro d'ordre	Date de l'achat / dépôt	Apporteur ou vendeur de l'objet	Si personne morale	Références de la pièce d'identité produite	Description des objets acquis ou détenus (caractéristiques apparentes, noms, signatures, n° série, signe distinctif…)	Prix d'achat	Classement ou inscription de l'objet au titre des monuments historiques
		Nom, Prénom et qualité Adresse du domicile	Raison sociale Adresse du siège social	Nature Numéro Date de délivrance Autorité l'ayant établie			
		Nom, Prénom et qualité Adresse du domicile	Raison sociale Adresse du siège social	Nature Numéro Date de délivrance Autorité l'ayant établie			
		Nom, Prénom et qualité Adresse du domicile	Raison sociale Adresse du siège social	Nature Numéro Date de délivrance Autorité l'ayant établie			
		Nom, Prénom et qualité Adresse du domicile	Raison sociale Adresse du siège social	Nature Numéro Date de délivrance Autorité l'ayant établie			

Numéro d'ordre	Date de l'achat / dépôt	Apporteur ou vendeur de l'objet	Si personne morale	Références de la pièce d'identité produite	Description des objets acquis ou détenus (caractéristiques apparentes, noms, signatures, n° série, signe distinctif…)	Prix d'achat	Classement ou inscription de l'objet au titre des monuments historiques
		Nom, Prénom et qualité Adresse du domicile	Raison sociale Adresse du siège social	Nature Numéro Date de délivrance Autorité l'ayant établie			
		Nom, Prénom et qualité Adresse du domicile	Raison sociale Adresse du siège social	Nature Numéro Date de délivrance Autorité l'ayant établie			
		Nom, Prénom et qualité Adresse du domicile	Raison sociale Adresse du siège social	Nature Numéro Date de délivrance Autorité l'ayant établie			
		Nom, Prénom et qualité Adresse du domicile	Raison sociale Adresse du siège social	Nature Numéro Date de délivrance Autorité l'ayant établie			
		Nom, Prénom et qualité Adresse du domicile	Raison sociale Adresse du siège social	Nature Numéro Date de délivrance Autorité l'ayant établie			
		Nom, Prénom et qualité Adresse du domicile	Raison sociale Adresse du siège social	Nature Numéro Date de délivrance Autorité l'ayant établie			
		Nom, Prénom et qualité Adresse du domicile	Raison sociale Adresse du siège social	Nature Numéro Date de délivrance Autorité l'ayant établie			
		Nom, Prénom et qualité Adresse du domicile	Raison sociale Adresse du siège social	Nature Numéro Date de délivrance Autorité l'ayant établie			

Numéro d'ordre	Date de l'achat / dépôt	Apporteur ou vendeur de l'objet	Si personne morale	Références de la pièce d'identité produite	Description des objets acquis ou détenus (caractéristiques apparentes, noms, signatures, n° série, signe distinctif…)	Prix d'achat	Classement ou inscription de l'objet au titre des monuments historiques
		Nom, Prénom et qualité	Raison sociale	Nature			
				Numéro			
		Adresse du domicile	Adresse du siège social	Date de délivrance			
				Autorité l'ayant établie			
		Nom, Prénom et qualité	Raison sociale	Nature			
				Numéro			
		Adresse du domicile	Adresse du siège social	Date de délivrance			
				Autorité l'ayant établie			
		Nom, Prénom et qualité	Raison sociale	Nature			
				Numéro			
		Adresse du domicile	Adresse du siège social	Date de délivrance			
				Autorité l'ayant établie			
		Nom, Prénom et qualité	Raison sociale	Nature			
				Numéro			
		Adresse du domicile	Adresse du siège social	Date de délivrance			
				Autorité l'ayant établie			

Numéro d'ordre	Date de l'achat / dépôt	Apporteur ou vendeur de l'objet	Si personne morale	Références de la pièce d'identité produite	Description des objets acquis ou détenus (caractéristiques apparentes, noms, signatures, n° série, signe distinctif...)	Prix d'achat	Classement ou inscription de l'objet au titre des monuments historiques
		Nom, Prénom et qualité Adresse du domicile	Raison sociale Adresse du siège social	Nature Numéro Date de délivrance Autorité l'ayant établie			
		Nom, Prénom et qualité Adresse du domicile	Raison sociale Adresse du siège social	Nature Numéro Date de délivrance Autorité l'ayant établie			
		Nom, Prénom et qualité Adresse du domicile	Raison sociale Adresse du siège social	Nature Numéro Date de délivrance Autorité l'ayant établie			
		Nom, Prénom et qualité Adresse du domicile	Raison sociale Adresse du siège social	Nature Numéro Date de délivrance Autorité l'ayant établie			
		Nom, Prénom et qualité Adresse du domicile	Raison sociale Adresse du siège social	Nature Numéro Date de délivrance Autorité l'ayant établie			
		Nom, Prénom et qualité Adresse du domicile	Raison sociale Adresse du siège social	Nature Numéro Date de délivrance Autorité l'ayant établie			
		Nom, Prénom et qualité Adresse du domicile	Raison sociale Adresse du siège social	Nature Numéro Date de délivrance Autorité l'ayant établie			
		Nom, Prénom et qualité Adresse du domicile	Raison sociale Adresse du siège social	Nature Numéro Date de délivrance Autorité l'ayant établie			

Numéro d'ordre	Date de l'achat / dépôt	Apporteur ou vendeur de l'objet	Si personne morale	Références de la pièce d'identité produite	Description des objets acquis ou détenus (caractéristiques apparentes, noms, signatures, n° série, signe distinctif…)	Prix d'achat	Classement ou inscription de l'objet au titre des monuments historiques
		Nom, Prénom et qualité	Raison sociale	Nature			
				Numéro			
		Adresse du domicile	Adresse du siège social	Date de délivrance			
				Autorité l'ayant établie			
		Nom, Prénom et qualité	Raison sociale	Nature			
				Numéro			
		Adresse du domicile	Adresse du siège social	Date de délivrance			
				Autorité l'ayant établie			
		Nom, Prénom et qualité	Raison sociale	Nature			
				Numéro			
		Adresse du domicile	Adresse du siège social	Date de délivrance			
				Autorité l'ayant établie			
		Nom, Prénom et qualité	Raison sociale	Nature			
				Numéro			
		Adresse du domicile	Adresse du siège social	Date de délivrance			
				Autorité l'ayant établie			

Numéro d'ordre	Date de l'achat / dépôt	Apporteur ou vendeur de l'objet	Si personne morale	Références de la pièce d'identité produite	Description des objets acquis ou détenus (caractéristiques apparentes, noms, signatures, n° série, signe distinctif…)	Prix d'achat	Classement ou inscription de l'objet au titre des monuments historiques
		Nom, Prénom et qualité Adresse du domicile	Raison sociale Adresse du siège social	Nature Numéro Date de délivrance Autorité l'ayant établie			
		Nom, Prénom et qualité Adresse du domicile	Raison sociale Adresse du siège social	Nature Numéro Date de délivrance Autorité l'ayant établie			
		Nom, Prénom et qualité Adresse du domicile	Raison sociale Adresse du siège social	Nature Numéro Date de délivrance Autorité l'ayant établie			
		Nom, Prénom et qualité Adresse du domicile	Raison sociale Adresse du siège social	Nature Numéro Date de délivrance Autorité l'ayant établie			
		Nom, Prénom et qualité Adresse du domicile	Raison sociale Adresse du siège social	Nature Numéro Date de délivrance Autorité l'ayant établie			
		Nom, Prénom et qualité Adresse du domicile	Raison sociale Adresse du siège social	Nature Numéro Date de délivrance Autorité l'ayant établie			
		Nom, Prénom et qualité Adresse du domicile	Raison sociale Adresse du siège social	Nature Numéro Date de délivrance Autorité l'ayant établie			
		Nom, Prénom et qualité Adresse du domicile	Raison sociale Adresse du siège social	Nature Numéro Date de délivrance Autorité l'ayant établie			

Numéro d'ordre	Date de l'achat / dépôt	Apporteur ou vendeur de l'objet	Si personne morale	Références de la pièce d'identité produite	Description des objets acquis ou détenus (caractéristiques apparentes, noms, signatures, n° série, signe distinctif…)	Prix d'achat	Classement ou inscription de l'objet au titre des monuments historiques
		Nom, Prénom et qualité	Raison sociale	Nature Numéro Date de délivrance Autorité l'ayant établie			
		Adresse du domicile	Adresse du siège social				
		Nom, Prénom et qualité	Raison sociale	Nature Numéro Date de délivrance Autorité l'ayant établie			
		Adresse du domicile	Adresse du siège social				
		Nom, Prénom et qualité	Raison sociale	Nature Numéro Date de délivrance Autorité l'ayant établie			
		Adresse du domicile	Adresse du siège social				
		Nom, Prénom et qualité	Raison sociale	Nature Numéro Date de délivrance Autorité l'ayant établie			
		Adresse du domicile	Adresse du siège social				

Numéro d'ordre	Date de l'achat / dépôt	Apporteur ou vendeur de l'objet	Si personne morale	Références de la pièce d'identité produite	Description des objets acquis ou détenus (caractéristiques apparentes, noms, signatures, n° série, signe distinctif…)	Prix d'achat	Classement ou inscription de l'objet au titre des monuments historiques
		Nom, Prénom et qualité Adresse du domicile	Raison sociale Adresse du siège social	Nature Numéro Date de délivrance Autorité l'ayant établie			
		Nom, Prénom et qualité Adresse du domicile	Raison sociale Adresse du siège social	Nature Numéro Date de délivrance Autorité l'ayant établie			
		Nom, Prénom et qualité Adresse du domicile	Raison sociale Adresse du siège social	Nature Numéro Date de délivrance Autorité l'ayant établie			
		Nom, Prénom et qualité Adresse du domicile	Raison sociale Adresse du siège social	Nature Numéro Date de délivrance Autorité l'ayant établie			
		Nom, Prénom et qualité Adresse du domicile	Raison sociale Adresse du siège social	Nature Numéro Date de délivrance Autorité l'ayant établie			
		Nom, Prénom et qualité Adresse du domicile	Raison sociale Adresse du siège social	Nature Numéro Date de délivrance Autorité l'ayant établie			
		Nom, Prénom et qualité Adresse du domicile	Raison sociale Adresse du siège social	Nature Numéro Date de délivrance Autorité l'ayant établie			
		Nom, Prénom et qualité Adresse du domicile	Raison sociale Adresse du siège social	Nature Numéro Date de délivrance Autorité l'ayant établie			

Numéro d'ordre	Date de l'achat / dépôt	Apporteur ou vendeur de l'objet	Si personne morale	Références de la pièce d'identité produite	Description des objets acquis ou détenus (caractéristiques apparentes, noms, signatures, n° série, signe distinctif…)	Prix d'achat	Classement ou inscription de l'objet au titre des monuments historiques
		Nom, Prénom et qualité	Raison sociale	Nature			
				Numéro			
				Date de délivrance			
		Adresse du domicile	Adresse du siège social	Autorité l'ayant établie			
		Nom, Prénom et qualité	Raison sociale	Nature			
				Numéro			
				Date de délivrance			
		Adresse du domicile	Adresse du siège social	Autorité l'ayant établie			
		Nom, Prénom et qualité	Raison sociale	Nature			
				Numéro			
				Date de délivrance			
		Adresse du domicile	Adresse du siège social	Autorité l'ayant établie			
		Nom, Prénom et qualité	Raison sociale	Nature			
				Numéro			
				Date de délivrance			
		Adresse du domicile	Adresse du siège social	Autorité l'ayant établie			

Numéro d'ordre	Date de l'achat / dépôt	Apporteur ou vendeur de l'objet	Si personne morale	Références de la pièce d'identité produite	Description des objets acquis ou détenus (caractéristiques apparentes, noms, signatures, n° série, signe distinctif…)	Prix d'achat	Classement ou inscription de l'objet au titre des monuments historiques
		Nom, Prénom et qualité Adresse du domicile	Raison sociale Adresse du siège social	Nature Numéro Date de délivrance Autorité l'ayant établie			
		Nom, Prénom et qualité Adresse du domicile	Raison sociale Adresse du siège social	Nature Numéro Date de délivrance Autorité l'ayant établie			
		Nom, Prénom et qualité Adresse du domicile	Raison sociale Adresse du siège social	Nature Numéro Date de délivrance Autorité l'ayant établie			
		Nom, Prénom et qualité Adresse du domicile	Raison sociale Adresse du siège social	Nature Numéro Date de délivrance Autorité l'ayant établie			
		Nom, Prénom et qualité Adresse du domicile	Raison sociale Adresse du siège social	Nature Numéro Date de délivrance Autorité l'ayant établie			
		Nom, Prénom et qualité Adresse du domicile	Raison sociale Adresse du siège social	Nature Numéro Date de délivrance Autorité l'ayant établie			
		Nom, Prénom et qualité Adresse du domicile	Raison sociale Adresse du siège social	Nature Numéro Date de délivrance Autorité l'ayant établie			
		Nom, Prénom et qualité Adresse du domicile	Raison sociale Adresse du siège social	Nature Numéro Date de délivrance Autorité l'ayant établie			

Numéro d'ordre	Date de l'achat / dépôt	Apporteur ou vendeur de l'objet	Si personne morale	Références de la pièce d'identité produite	Description des objets acquis ou détenus (caractéristiques apparentes, noms, signatures, n° série, signe distinctif…)	Prix d'achat	Classement ou inscription de l'objet au titre des monuments historiques
		Nom, Prénom et qualité / Adresse du domicile	Raison sociale / Adresse du siège social	Nature / Numéro / Date de délivrance / Autorité l'ayant établi			
		Nom, Prénom et qualité / Adresse du domicile	Raison sociale / Adresse du siège social	Nature / Numéro / Date de délivrance / Autorité l'ayant établi			
		Nom, Prénom et qualité / Adresse du domicile	Raison sociale / Adresse du siège social	Nature / Numéro / Date de délivrance / Autorité l'ayant établi			
		Nom, Prénom et qualité / Adresse du domicile	Raison sociale / Adresse du siège social	Nature / Numéro / Date de délivrance / Autorité l'ayant établi			

Numéro d'ordre	Date de l'achat / dépôt	Apporteur ou vendeur de l'objet	Si personne morale	Références de la pièce d'identité produite	Description des objets acquis ou détenus (caractéristiques apparentes, noms, signatures, n° série, signe distinctif…)	Prix d'achat	Classement ou inscription de l'objet au titre des monuments historiques
		Nom, Prénom et qualité Adresse du domicile	Raison sociale Adresse du siège social	Nature Numéro Date de délivrance Autorité l'ayant établie			
		Nom, Prénom et qualité Adresse du domicile	Raison sociale Adresse du siège social	Nature Numéro Date de délivrance Autorité l'ayant établie			
		Nom, Prénom et qualité Adresse du domicile	Raison sociale Adresse du siège social	Nature Numéro Date de délivrance Autorité l'ayant établie			
		Nom, Prénom et qualité Adresse du domicile	Raison sociale Adresse du siège social	Nature Numéro Date de délivrance Autorité l'ayant établie			
		Nom, Prénom et qualité Adresse du domicile	Raison sociale Adresse du siège social	Nature Numéro Date de délivrance Autorité l'ayant établie			
		Nom, Prénom et qualité Adresse du domicile	Raison sociale Adresse du siège social	Nature Numéro Date de délivrance Autorité l'ayant établie			
		Nom, Prénom et qualité Adresse du domicile	Raison sociale Adresse du siège social	Nature Numéro Date de délivrance Autorité l'ayant établie			
		Nom, Prénom et qualité Adresse du domicile	Raison sociale Adresse du siège social	Nature Numéro Date de délivrance Autorité l'ayant établie			

Numéro d'ordre	Date de l'achat / dépôt	Apporteur ou vendeur de l'objet	Si personne morale	Références de la pièce d'identité produite	Description des objets acquis ou détenus (caractéristiques apparentes, noms, signatures, n° série, signe distinctif…)	Prix d'achat	Classement ou inscription de l'objet au titre des monuments historiques
		Nom, Prénom et qualité Adresse du domicile	Raison sociale Adresse du siège social	Nature Numéro Date de délivrance Autorité l'ayant établie			
		Nom, Prénom et qualité Adresse du domicile	Raison sociale Adresse du siège social	Nature Numéro Date de délivrance Autorité l'ayant établie			
		Nom, Prénom et qualité Adresse du domicile	Raison sociale Adresse du siège social	Nature Numéro Date de naissance Autorité l'ayant établie			
		Nom, Prénom et qualité Adresse du domicile	Raison sociale Adresse du siège social	Nature Numéro Date de délivrance Autorité l'ayant établie			

Numéro d'ordre	Date de l'achat / dépôt	Apporteur ou vendeur de l'objet	Si personne morale	Références de la pièce d'identité produite	Description des objets acquis ou détenus (caractéristiques apparentes, noms, signatures, n° série, signe distinctif…)	Prix d'achat	Classement ou inscription de l'objet au titre des monuments historiques
		Nom, Prénom et qualité Adresse du domicile	Raison sociale Adresse du siège social	Nature Numéro Date de délivrance Autorité l'ayant établie			
		Nom, Prénom et qualité Adresse du domicile	Raison sociale Adresse du siège social	Nature Numéro Date de délivrance Autorité l'ayant établie			
		Nom, Prénom et qualité Adresse du domicile	Raison sociale Adresse du siège social	Nature Numéro Date de délivrance Autorité l'ayant établie			
		Nom, Prénom et qualité Adresse du domicile	Raison sociale Adresse du siège social	Nature Numéro Date de délivrance Autorité l'ayant établie			
		Nom, Prénom et qualité Adresse du domicile	Raison sociale Adresse du siège social	Nature Numéro Date de délivrance Autorité l'ayant établie			
		Nom, Prénom et qualité Adresse du domicile	Raison sociale Adresse du siège social	Nature Numéro Date de délivrance Autorité l'ayant établie			
		Nom, Prénom et qualité Adresse du domicile	Raison sociale Adresse du siège social	Nature Numéro Date de délivrance Autorité l'ayant établie			
		Nom, Prénom et qualité Adresse du domicile	Raison sociale Adresse du siège social	Nature Numéro Date de délivrance Autorité l'ayant établie			

Numéro d'ordre	Date de l'achat / dépôt	Apporteur ou vendeur de l'objet	Si personne morale	Références de la pièce d'identité produite	Description des objets acquis ou détenus (caractéristiques apparentes, noms, signatures, n° série, signe distinctif…)	Prix d'achat	Classement ou inscription de l'objet au titre des monuments historiques
		Nom, Prénom et qualité	Raison sociale	Nature			
				Numéro			
				Date de délivrance			
		Adresse du domicile	Adresse du siège social	Autorité l'ayant établie			
		Nom, Prénom et qualité	Raison sociale	Nature			
				Numéro			
				Date de délivrance			
		Adresse du domicile	Adresse du siège social	Autorité l'ayant établie			
		Nom, Prénom et qualité	Raison sociale	Nature			
				Numéro			
				Date de délivrance			
		Adresse du domicile	Adresse du siège social	Autorité l'ayant établie			
		Nom, Prénom et qualité	Raison sociale	Nature			
				Numéro			
				Date de délivrance			
		Adresse du domicile	Adresse du siège social	Autorité l'ayant établie			

Numéro d'ordre	Date de l'achat / dépôt	Apporteur ou vendeur de l'objet	Si personne morale	Références de la pièce d'identité produite	Description des objets acquis ou détenus (caractéristiques apparentes, noms, signatures, n° série, signe distinctif…)	Prix d'achat	Classement ou inscription de l'objet au titre des monuments historiques
		Nom, Prénom et qualité Adresse du domicile	Raison sociale Adresse du siège social	Nature Numéro Date de délivrance Autorité l'ayant établie			
		Nom, Prénom et qualité Adresse du domicile	Raison sociale Adresse du siège social	Nature Numéro Date de délivrance Autorité l'ayant établie			
		Nom, Prénom et qualité Adresse du domicile	Raison sociale Adresse du siège social	Nature Numéro Date de délivrance Autorité l'ayant établie			
		Nom, Prénom et qualité Adresse du domicile	Raison sociale Adresse du siège social	Nature Numéro Date de délivrance Autorité l'ayant établie			
		Nom, Prénom et qualité Adresse du domicile	Raison sociale Adresse du siège social	Nature Numéro Date de délivrance Autorité l'ayant établie			
		Nom, Prénom et qualité Adresse du domicile	Raison sociale Adresse du siège social	Nature Numéro Date de délivrance Autorité l'ayant établie			
		Nom, Prénom et qualité Adresse du domicile	Raison sociale Adresse du siège social	Nature Numéro Date de délivrance Autorité l'ayant établie			
		Nom, Prénom et qualité Adresse du domicile	Raison sociale Adresse du siège social	Nature Numéro Date de délivrance Autorité l'ayant établie			

Numéro d'ordre	Date de l'achat / dépôt	Apporteur ou vendeur de l'objet	Si personne morale	Références de la pièce d'identité produite	Description des objets acquis ou détenus (caractéristiques apparentes, noms, signatures, n° série, signe distinctif…)	Prix d'achat	Classement ou inscription de l'objet au titre des monuments historiques
		Nom, Prénom et qualité	Raison sociale	Nature			
				Numéro			
		Adresse du domicile	Adresse du siège social	Date de délivrance			
				Autorité l'ayant établie			
		Nom, Prénom et qualité	Raison sociale	Nature			
				Numéro			
		Adresse du domicile	Adresse du siège social	Date de délivrance			
				Autorité l'ayant établie			
		Nom, Prénom et qualité	Raison sociale	Nature			
				Numéro			
		Adresse du domicile	Adresse du siège social	Date de délivrance			
				Autorité l'ayant établie			
		Nom, Prénom et qualité	Raison sociale	Nature			
				Numéro			
		Adresse du domicile	Adresse du siège social	Date de délivrance			
				Autorité l'ayant établie			

Numéro d'ordre	Date de l'achat / dépôt	Apporteur ou vendeur de l'objet	Si personne morale	Références de la pièce d'identité produite	Description des objets acquis ou détenus (caractéristiques apparentes, noms, signatures, n° série, signe distinctif…)	Prix d'achat	Classement ou inscription de l'objet au titre des monuments historiques
		Nom, Prénom et qualité Adresse du domicile	Raison sociale Adresse du siège social	Nature Numéro Date de délivrance Autorité l'ayant établie			
		Nom, Prénom et qualité Adresse du domicile	Raison sociale Adresse du siège social	Nature Numéro Date de délivrance Autorité l'ayant établie			
		Nom, Prénom et qualité Adresse du domicile	Raison sociale Adresse du siège social	Nature Numéro Date de délivrance Autorité l'ayant établie			
		Nom, Prénom et qualité Adresse du domicile	Raison sociale Adresse du siège social	Nature Numéro Date de délivrance Autorité l'ayant établie			
		Nom, Prénom et qualité Adresse du domicile	Raison sociale Adresse du siège social	Nature Numéro Date de délivrance Autorité l'ayant établie			
		Nom, Prénom et qualité Adresse du domicile	Raison sociale Adresse du siège social	Nature Numéro Date de délivrance Autorité l'ayant établie			
		Nom, Prénom et qualité Adresse du domicile	Raison sociale Adresse du siège social	Nature Numéro Date de délivrance Autorité l'ayant établie			
		Nom, Prénom et qualité Adresse du domicile	Raison sociale Adresse du siège social	Nature Numéro Date de délivrance Autorité l'ayant établie			

Numéro d'ordre	Date de l'achat / dépôt	Apporteur ou vendeur de l'objet	Si personne morale	Références de la pièce d'identité produite	Description des objets acquis ou détenus (caractéristiques apparentes, noms, signatures, n° série, signe distinctif…)	Prix d'achat	Classement ou inscription de l'objet au titre des monuments historiques
		Nom, Prénom et qualité	Raison sociale	Nature Numéro Date de délivrance Autorité l'ayant établie			
		Adresse du domicile	Adresse du siège social				
		Nom, Prénom et qualité	Raison sociale	Nature Numéro Date de délivrance Autorité l'ayant établie			
		Adresse du domicile	Adresse du siège social				
		Nom, Prénom et qualité	Raison sociale	Nature Numéro Date de délivrance Autorité l'ayant établie			
		Adresse du domicile	Adresse du siège social				
		Nom, Prénom et qualité	Raison sociale	Nature Numéro Date de délivrance Autorité l'ayant établie			
		Adresse du domicile	Adresse du siège social				

Numéro d'ordre	Date de l'achat / dépôt	Apporteur ou vendeur de l'objet	Si personne morale	Références de la pièce d'identité produite	Description des objets acquis ou détenus (caractéristiques apparentes, noms, signatures, n° série, signe distinctif...)	Prix d'achat	Classement ou inscription de l'objet au titre des monuments historiques
		Nom, Prénom et qualité / Adresse du domicile	Raison sociale / Adresse du siège social	Nature / Numéro / Date de délivrance / Autorité l'ayant établie			
		Nom, Prénom et qualité / Adresse du domicile	Raison sociale / Adresse du siège social	Nature / Numéro / Date de délivrance / Autorité l'ayant établie			
		Nom, Prénom et qualité / Adresse du domicile	Raison sociale / Adresse du siège social	Nature / Numéro / Date de délivrance / Autorité l'ayant établie			
		Nom, Prénom et qualité / Adresse du domicile	Raison sociale / Adresse du siège social	Nature / Numéro / Date de délivrance / Autorité l'ayant établie			
		Nom, Prénom et qualité / Adresse du domicile	Raison sociale / Adresse du siège social	Nature / Numéro / Date de délivrance / Autorité l'ayant établie			
		Nom, Prénom et qualité / Adresse du domicile	Raison sociale / Adresse du siège social	Nature / Numéro / Date de délivrance / Autorité l'ayant établie			
		Nom, Prénom et qualité / Adresse du domicile	Raison sociale / Adresse du siège social	Nature / Numéro / Date de délivrance / Autorité l'ayant établie			

Numéro d'ordre	Date de l'achat / dépôt	Apporteur ou vendeur de l'objet	Si personne morale	Références de la pièce d'identité produite	Description des objets acquis ou détenus (caractéristiques apparentes, noms, signatures, n° série, signe distinctif…)	Prix d'achat	Classement ou inscription de l'objet au titre des monuments historiques
		Nom, Prénom et qualité	Raison sociale	Nature			
				Numéro			
				Date de délivrance			
		Adresse du domicile	Adresse du siège social	Autorité l'ayant établie			
		Nom, Prénom et qualité	Raison sociale	Nature			
				Numéro			
				Date de délivrance			
		Adresse du domicile	Adresse du siège social	Autorité l'ayant établie			
		Nom, Prénom et qualité	Raison sociale	Nature			
				Numéro			
				Date de délivrance			
		Adresse du domicile	Adresse du siège social	Autorité l'ayant établie			
		Nom, Prénom et qualité	Raison sociale	Nature			
				Numéro			
				Date de délivrance			
		Adresse du domicile	Adresse du siège social	Autorité l'ayant établie			

Numéro d'ordre	Date de l'achat / dépôt	Apporteur ou vendeur de l'objet	Si personne morale	Références de la pièce d'identité produite	Description des objets acquis ou détenus (caractéristiques apparentes, noms, signatures, n° série, signe distinctif...)	Prix d'achat	Classement ou inscription de l'objet au titre des monuments historiques
		Nom, Prénom et qualité Adresse du domicile	Raison sociale Adresse du siège social	Nature Numéro Date de délivrance Autorité l'ayant établie			
		Nom, Prénom et qualité Adresse du domicile	Raison sociale Adresse du siège social	Nature Numéro Date de délivrance Autorité l'ayant établie			
		Nom, Prénom et qualité Adresse du domicile	Raison sociale Adresse du siège social	Nature Numéro Date de délivrance Autorité l'ayant établie			
		Nom, Prénom et qualité Adresse du domicile	Raison sociale Adresse du siège social	Nature Numéro Date de délivrance Autorité l'ayant établie			
		Nom, Prénom et qualité Adresse du domicile	Raison sociale Adresse du siège social	Nature Numéro Date de délivrance Autorité l'ayant établie			
		Nom, Prénom et qualité Adresse du domicile	Raison sociale Adresse du siège social	Nature Numéro Date de délivrance Autorité l'ayant établie			
		Nom, Prénom et qualité Adresse du domicile	Raison sociale Adresse du siège social	Nature Numéro Date de délivrance Autorité l'ayant établie			
		Nom, Prénom et qualité Adresse du domicile	Raison sociale Adresse du siège social	Nature Numéro Date de délivrance Autorité l'ayant établie			

Numéro d'ordre	Date de l'achat / dépôt	Apporteur ou vendeur de l'objet	Si personne morale	Références de la pièce d'identité produite	Description des objets acquis ou détenus (caractéristiques apparentes, noms, signatures, n° série, signe distinctif…)	Prix d'achat	Classement ou inscription de l'objet au titre des monuments historiques
		Nom, Prénom et qualité	Raison sociale	Nature			
				Numéro			
				Date de délivrance			
		Adresse du domicile	Adresse du siège social	Autorité l'ayant établie			
		Nom, Prénom et qualité	Raison sociale	Nature			
				Numéro			
				Date de délivrance			
		Adresse du domicile	Adresse du siège social	Autorité l'ayant établie			
		Nom, prénom et qualité	Raison sociale	Nature			
				Numéro			
				Date de délivrance			
		Adresse du domicile	Adresse du siège social	Autorité l'ayant établie			
		Nom, Prénom et qualité	Raison sociale	Nature			
				Numéro			
				Date de délivrance			
		Adresse du domicile	Adresse du siège social	Autorité l'ayant établie			

Numéro d'ordre	Date de l'achat / dépôt	Apporteur ou vendeur de l'objet	Si personne morale	Références de la pièce d'identité produite	Description des objets acquis ou détenus (caractéristiques apparentes, noms, signatures, n° série, signe distinctif…)	Prix d'achat	Classement ou inscription de l'objet au titre des monuments historiques
		Nom, Prénom et qualité Adresse du domicile	Raison sociale Adresse du siège social	Nature Numéro Date de délivrance Autorité l'ayant établie			
		Nom, Prénom et qualité Adresse du domicile	Raison sociale Adresse du siège social	Nature Numéro Date de délivrance Autorité l'ayant établie			
		Nom, Prénom et qualité Adresse du domicile	Raison sociale Adresse du siège social	Nature Numéro Date de délivrance Autorité l'ayant établie			
		Nom, Prénom et qualité Adresse du domicile	Raison sociale Adresse du siège social	Nature Numéro Date de délivrance Autorité l'ayant établie			
		Nom, Prénom et qualité Adresse du domicile	Raison sociale Adresse du siège social	Nature Numéro Date de délivrance Autorité l'ayant établie			
		Nom, Prénom et qualité Adresse du domicile	Raison sociale Adresse du siège social	Nature Numéro Date de délivrance Autorité l'ayant établie			
		Nom, Prénom et qualité Adresse du domicile	Raison sociale Adresse du siège social	Nature Numéro Date de délivrance Autorité l'ayant établie			
		Nom, Prénom et qualité Adresse du domicile	Raison sociale Adresse du siège social	Nature Numéro Date de délivrance Autorité l'ayant établie			

Numéro d'ordre	Date de l'achat / dépôt	Apporteur ou vendeur de l'objet	Si personne morale	Références de la pièce d'identité produite	Description des objets acquis ou détenus (caractéristiques apparentes, noms, signatures, n° série, signe distinctif…)	Prix d'achat	Classement ou inscription de l'objet au titre des monuments historiques
		Nom, Prénom et qualité	Raison sociale	Nature Numéro Date de délivrance Autorité l'ayant établie			
		Adresse du domicile	Adresse du siège social				
		Nom, Prénom et qualité	Raison sociale	Nature Numéro Date de délivrance Autorité l'ayant établie			
		Adresse du domicile	Adresse du siège social				
		Nom, Prénom et qualité	Raison sociale	Nature Numéro Date de délivrance Autorité l'ayant établie			
		Adresse du domicile	Adresse du siège social				
		Nom, Prénom et qualité	Raison sociale	Nature Numéro Date de délivrance Autorité l'ayant établie			
		Adresse du domicile	Adresse du siège social				

Numéro d'ordre	Date de l'achat / dépôt	Apporteur ou vendeur de l'objet	Si personne morale	Références de la pièce d'identité produite	Description des objets acquis ou détenus (caractéristiques apparentes, noms, signatures, n° série, signe distinctif…)	Prix d'achat	Classement ou inscription de l'objet au titre des monuments historiques
		Nom, Prénom et qualité Adresse du domicile	Raison sociale Adresse du siège social	Nature Numéro Date de délivrance Autorité l'ayant établie			
		Nom, Prénom et qualité Adresse du domicile	Raison sociale Adresse du siège social	Nature Numéro Date de délivrance Autorité l'ayant établie			
		Nom, Prénom et qualité Adresse du domicile	Raison sociale Adresse du siège social	Nature Numéro Date de délivrance Autorité l'ayant établie			
		Nom, Prénom et qualité Adresse du domicile	Raison sociale Adresse du siège social	Nature Numéro Date de délivrance Autorité l'ayant établie			
		Nom, Prénom et qualité Adresse du domicile	Raison sociale Adresse du siège social	Nature Numéro Date de délivrance Autorité l'ayant établie			
		Nom, Prénom et qualité Adresse du domicile	Raison sociale Adresse du siège social	Nature Numéro Date de délivrance Autorité l'ayant établie			
		Nom, Prénom et qualité Adresse du domicile	Raison sociale Adresse du siège social	Nature Numéro Date de délivrance Autorité l'ayant établie			
		Nom, Prénom et qualité Adresse du domicile	Raison sociale Adresse du siège social	Nature Numéro Date de délivrance Autorité l'ayant établie			

Numéro d'ordre	Date de l'achat / dépôt	Apporteur ou vendeur de l'objet	Si personne morale	Références de la pièce d'identité produite	Description des objets acquis ou détenus (caractéristiques apparentes, noms, signatures, n° série, signe distinctif…)	Prix d'achat	Classement ou inscription de l'objet au titre des monuments historiques
		Nom, Prénom et qualité	Raison sociale	Nature Numéro Date de délivrance Autorité l'ayant établie			
		Adresse du domicile	Adresse du siège social				
				Nature Numéro Date de délivrance Autorité l'ayant établie			
		Nom, Prénom et qualité	Nom la société				
		Adresse du domicile	Adresse du siège social				
		Nom, Prénom et qualité	Raison sociale	Nature Numéro Date de délivrance Autorité l'ayant établie			
		Adresse du domicile	Adresse du siège social				
		Nom, Prénom et qualité	Raison sociale	Nature Numéro Date de délivrance Autorité l'ayant établie			
		Adresse du domicile	Adresse du siège social				

Numéro d'ordre	Date de l'achat / dépôt	Apporteur ou vendeur de l'objet	Si personne morale	Références de la pièce d'identité produite	Description des objets acquis ou détenus (caractéristiques apparentes, noms, signatures, n° série, signe distinctif…)	Prix d'achat	Classement ou inscription de l'objet au titre des monuments historiques
		Nom, Prénom et qualité	Raison sociale	Nature			
				Numéro			
				Date de délivrance			
		Adresse du domicile	Adresse du siège social	Autorité l'ayant établie			
		Nom, Prénom et qualité	Raison sociale	Nature			
				Numéro			
				Date de délivrance			
		Adresse du domicile	Adresse du siège social	Autorité l'ayant établie			
		Nom, Prénom et qualité	Raison sociale	Nature			
				Numéro			
				Date de délivrance			
		Adresse du domicile	Adresse du siège social	Autorité l'ayant établie			
		Nom, Prénom et qualité	Raison sociale	Nature			
				Numéro			
				Date de délivrance			
		Adresse du domicile	Adresse du siège social	Autorité l'ayant établie			
		Nom, Prénom et qualité	Raison sociale	Nature			
				Numéro			
				Date de délivrance			
		Adresse du domicile	Adresse du siège social	Autorité l'ayant établie			
		Nom, Prénom et qualité	Raison sociale	Nature			
				Numéro			
				Date de délivrance			
		Adresse du domicile	Adresse du siège social	Autorité l'ayant établie			
		Nom, Prénom et qualité	Raison sociale	Nature			
				Numéro			
				Date de délivrance			
		Adresse du domicile	Adresse du siège social	Autorité l'ayant établie			
		Nom, Prénom et qualité	Raison sociale	Nature			
				Numéro			
				Date de délivrance			
		Adresse du domicile	Adresse du siège social	Autorité l'ayant établie			

Numéro d'ordre	Date de l'achat / dépôt	Apporteur ou vendeur de l'objet	Si personne morale	Références de la pièce d'identité produite	Description des objets acquis ou détenus (caractéristiques apparentes, noms, signatures, n° série, signe distinctif…)	Prix d'achat	Classement ou inscription de l'objet au titre des monuments historiques
		Nom, Prénom et qualité	Raison sociale	Nature			
				Numéro			
				Date de délivrance			
		Adresse du domicile	Adresse du siège social	Autorité l'ayant établie			
		Nom, Prénom et qualité	Raison sociale	Nature			
				Numéro			
				Date de délivrance			
		Adresse du domicile	Adresse du siège social	Autorité l'ayant établie			
		Nom, Prénom et qualité	Raison sociale	Nature			
				Numéro			
				Date de délivrance			
		Adresse du domicile	Adresse du siège social	Autorité l'ayant établie			
		Nom, Prénom et qualité	Raison sociale	Nature			
				Numéro			
				Date de délivrance			
		Adresse du domicile	Adresse du siège social	Autorité l'ayant établie			

Numéro d'ordre	Date de l'achat / dépôt	Apporteur ou vendeur de l'objet	Si personne morale	Références de la pièce d'identité produite	Description des objets acquis ou détenus (caractéristiques apparentes, noms, signatures, n° série, signe distinctif…)	Prix d'achat	Classement ou inscription de l'objet au titre des monuments historiques
		Nom, Prénom et qualité Adresse du domicile	Raison sociale Adresse du siège social	Nature Numéro Date de délivrance Autorité l'ayant établie			
		Nom, Prénom et qualité Adresse du domicile	Raison sociale Adresse du siège social	Nature Numéro Date de délivrance Autorité l'ayant établie			
		Nom, Prénom et qualité Adresse du domicile	Raison sociale Adresse du siège social	Nature Numéro Date de délivrance Autorité l'ayant établie			
		Nom, Prénom et qualité Adresse du domicile	Raison sociale Adresse du siège social	Nature Numéro Date de délivrance Autorité l'ayant établie			
		Nom, Prénom et qualité Adresse du domicile	Raison sociale Adresse du siège social	Nature Numéro Date de délivrance Autorité l'ayant établie			
		Nom, Prénom et qualité Adresse du domicile	Raison sociale Adresse du siège social	Nature Numéro Date de délivrance Autorité l'ayant établie			
		Nom, Prénom et qualité Adresse du domicile	Raison sociale Adresse du siège social	Nature Numéro Date de délivrance Autorité l'ayant établie			
		Nom, Prénom et qualité Adresse du domicile	Raison sociale Adresse du siège social	Nature Numéro Date de délivrance Autorité l'ayant établie